互联网时代
银行网点管理策略

徐卫东　孙军正 / 著

煤炭工业出版社

·北　京·

图书在版编目（CIP）数据

互联网时代银行网点管理策略／徐卫东，孙军正著．
－－北京：煤炭工业出版社，2017
ISBN 978－7－5020－6255－2

Ⅰ.①互…　Ⅱ.①徐…　②孙…　Ⅲ.①商业银行—
银行管理　Ⅳ.①F830.33

中国版本图书馆 CIP 数据核字（2017）第 276004 号

互联网时代银行网点管理策略

著　者	徐卫东　孙军正
责任编辑	刘少辉
封面设计	韩庆熙

出版发行　煤炭工业出版社（北京市朝阳区芍药居 35 号　100029）
电　话　010－84657898（总编室）
　　　　　010－64018321（发行部）　010－84657880（读者服务部）
电子信箱　cciph612@126.com
网　址　www.cciph.com.cn
印　刷　北京亚通印刷有限责任公司
经　销　全国新华书店

开　本　710mm×1000mm$^1/_{16}$　**印张**　16$^1/_4$　**字数**　230 千字
版　次　2018 年 1 月第 1 版　2018 年 1 月第 1 次印刷
社内编号　9135　　　　　　**定价**　42.00 元

前　言

互联网的到来和普及，使人们的生活习惯悄然发生了变化。这种变化是巨大的，在工作、教育、消费、理财等多方面，都产生了巨大的影响。习惯的改变，对金融服务渠道、支付方式、金融产品及相关服务，也要提出与互联网相关的新想法、新要求。传统靠发展网点数量、优化网点服务质量等方式，商业银行网点依旧无法满足客户的需求。因此，一个新课题就产生了！这本书，从四大方面阐述了"互联网时代"商业银行网点的转型升级。

第一方面，商业银行要了解"互联网"新常态下的发展趋势，只有顺应潮流者，才能谋得一席之地……这就需要银行网点的管理者及时转变思维，善用"互联网"思维解读危机、化解危机。危机，是既有危险，又有机遇。如果能够在新常态下进一步提高网点的管理，网点管理去掉边界、职能管理无差异化、牢固一个角色、树立两个目标、严抓三项职能，才有可能突出重围，打赢胜仗。

第二方面，管理者要定位自己的角色，确定自己的管理风格。有句话说："什么样的管理风格，决定什么样的管理局面！"倘若一名领导者，是一个唯唯诺诺的人，恐怕他带领的队伍，也会缺乏打硬仗的气质和精神。一名优秀的领导者，不仅能够给队伍注入灵魂和气质，而且还能给团队打上标签和烙印。因此，管理者要找到自己的性格密码，选择适合自己的管理风格。

第三方面，是网点上的管理。新常态，要求银行网点有新思路的转变，这个转变，最直接的体现，就是"管理"！举个例子：有一家传统食品公司，为了适应时代发展，搭建网络分销平台，通过严把质量关和企业产品的宣传力度，提高产品品牌形象，促进销售。从生产、质检、铺设渠道、销售，一直到售后，每一个管理环节，都要有质的提升。对于银行网点而言，能够实现"管理价值"上的提升，才能达到客户的要求，继而做好管理经营工作。

第四方面，是对员工的管理。笔者认为：员工不仅是银行网点的执行者，更是银行网点的财富。拥有一批执行力强、有团队意识、责任心强的员工，就给银行网点的管理工作注入了新活力。笔者从理性和感性两个角度，阐述员工对银行网点的重要意义。因此，管理者要善用目标管理和激励机制，提高员工的工作积极性，唤醒他们的责任意识。另外，管理者还要善用培训和会议经营，提升网点的管理效果。

管理决定成败。互联网时代下，银行网点的经营，同样离不开科学、规范、细致的管理。这本书，主要定位于支行及各银行网点管理者如何应对"新常态"，在"新常态"下实施的管理策略。它既可以给管理者提供了部分参考管理意见，而且在管理者角色定位等方面，也有详细论述。与此同时，笔者感谢出版社及幕后编辑人员的鼎力支持，希望广大读者朋友能够来电或致信，提出更多的宝贵意见。

徐卫东　孙军正

2017 年 9 月

目 录

PART2 借用互联网思维管理网点

PART3 管理者的"四种管理"

PART4 管理者的角色认定及领导风格

PART5 管理者的具体职责与管理方法

PART1
互联网新常态下的银行发展趋势

新常态，是一种"病态"经过修复后的正常状态，这种常态，与之前的常态有所不同。因此，这就给各大商业银行总行、分支行、网点的管理者提出一个难题：如何应对新环境、新局面？只有充分了解并掌握世界财富格局的变化，提高服务质量，实施精准营销和精细化管理，才能闯出一条成功的道路。

第一章　互联网时代下的客户财富格局

互联网时代的客户财富格局，已然悄悄发生了巨大变化。由单一财富格局，发展成多元化、理性化、专业化、个性化、全球化的格局。财富格局的变化，也影响到银行的未来发展。

财富格局多元化

过去，人们对银行的认识是局限的、狭隘的。他们通常认为：银行是一个存款、贷款机构，存款的目的是为了安全和保值，贷款的目的是为了创造财富、满足相关需求。当然，这仅仅是计划经济时代的思维！随着时代的发展，尤其是互联网的普及、中国加入世界贸易组织等，人们的眼界似乎迅速得到了开阔，对于理财增值等方面，也有了全新的认知。

人们的收入越来越多，中产阶级、高收入阶层的人数也越来越多。这类人，对财富的追求，几乎达到了痴迷的程度。他们不满足"保值"，甚至有人认为："保值是一种胆怯的行为！"他们对理财，甚至是风险理财，有着更大的渴望。因此我们可以看到，在银行不能满足这类人的相关需求的时候，他们将资金投向了股市、保险理财、风投等。希望通过多元化的投资方式，得到相应的回报。某权威机构给出一组数据：全球亿万富豪的总资产超过40万亿美金，这个金额是美国、中国、日本、德国等多个国家年GDP总和。这样的财富，不可能只存放在银行的"保险柜"里，用于保值，更多则是以"滚雪球"的形式，在其他财富市场上不断滚动，而且越滚越大。事实也证明：人们在追求财富的道路上，是永不满足、永无止境的！

前工商银行董事长姜建清认为："以工商银行个人客户理财与储蓄存款比例来看，几年前是1:9，现在变成3:7。我们判断，也许不到5年时间，就会演变成5:5。这些数字充分说明，中国财富管理已迈入黄金发展期。""互联网+"的出现，让人们对"财富增值"的渴望和需求，也达到了空前的高度。"钱生钱"不再是一个梦想，而是在逐渐变为现实。

讲个故事：有一个企业高管老李，他年收入超过百万，是不折不扣的中产阶级。二十年的辛勤工作，他也存了不少资产。他说："以前，我们不会投资。一个月，除去开支，剩下的钱几乎都存成银行定期，偶尔买一点国库券之类的理理财！但是现在物价飞涨，货币贬值……存款不仅无法保值，而且还在不断缩水，那该怎么办呢？"

带着这样的疑问，老李投资过证券股市，也投资过房产，入股过一些项目。经过几年打理，他的财富上了一个新台阶。据了解，老李投资了多套房产，为其创造了数百万元的财富。投资股票、基金、理财产品等，在此期间虽然浮浮沉沉、有赔有赚，但是整体要远远好过存银行定期。善于"多元化"投资理财的老李，也成了中国中产阶级投资理财的一个经典缩影。

高收入者，对财富资产的配置要求，越来越高，对"互联网+"时代下的理财产品、理财门道，也有更多的追求。如今，人们已经不满足将钱存进银行，或者单纯购买房产，对基金、信托、PE理财产品、阳光私募等，也有非常大的兴趣。据统计，2017年，中国家庭财富总值将达到38万亿美元，财务理财规模也将创下新高。

对商业银行而言，不仅要提供与时俱进的理财产品，还要为人们提供相关的财富配置、财富优化、财富管理等相关服务。笔者始终认为：银行是服务机构，而非产品销售公司，为客户提供增值服务，才是经营之根本。财产增值服务，只能是"管理"的一部分，能够让客户参与"财务增值管理"，也是未来的发展趋势之一。另外，银行在提供"多元化"产品和服务的同时，还应该注重企业形象和口碑的打造。简单举个例子：人们购买家电，通常会选择索尼电视机、西门子冰箱、格力空调、海尔洗衣机等名牌名优产品，对于一些小众品牌或者新生品牌，选择面就要窄很多。因此，银行要重视品牌打造，靠"品牌"带动服务，再靠服务去赢得客户。

财富投资是一种理念，更是一种哲学。互联网给人们带来了全新的认识，也给人们更新了理财观念，选择"理财投资"，更像是去超市选择琳琅满目的产品。商业银行就要像"超市"那样，能够满足客户的多元需求，才能立足市场，顺利转型。

财富格局理性化

许多年前，我们看富人们的投资，简直有种"云山雾绕"的感觉，是令人捉摸不透的。这种投资，有的很成功，有的就很失败。再后来，一些热衷投资理财的富人，逐渐找到了一条路，这条路非常宽敞，甚至是一条理性的光明之路。他们不再用一种"刮刮乐"的方式去赌，而是用一种科学合理的理财方式去重新分配自己的财富。举个例子：不动产的投资更趋合理，银行、保险理财产品的购买占据的比例在随之增加，风险更低、回报率较为平稳的投资占有了一定的比值……总之，病急乱投医似的投资越来越少，这也让我们感受到世界各地的富人们开始变得更加理性和聪明了。

据权威机构统计，2016年我国个人可投入资产达到或者超过1000万元者已经有158万人之巨，全国个人可投资产总额超过165万亿。这个数字是相当惊人的，甚至是美国全年GDP总值的两倍还多。对于商业银行而言，这笔钱无疑就是一座巨大的金山。未来十年内，中国的中产阶级以上者，人数还要急剧暴增。这一个阶层，大多数是高学历、高智商者，对财富分配有着更为独特的眼光。过去有些人靠炒房发财，如今房地产逐渐成为一种刚需用品，而非"商品"，炒房已经不是一门有前景的投资课程。另外，中国银行业的发展也逐渐成熟。银行推出的财富配置服务，已经逐渐成为未来投资的主流趋势。因此，我们可以看到，银行个人大客户的数量也越来越多，他们对银行提供的理财服务要求也越来越高，甚至希望得到一种全方位的资产配置管理服务。这对未来银行业来讲，挑战与机遇并存，但是机遇又大于挑战。

中国银监会前主席刘明康认为："财富管理业者通常是指面向财富人群，为其可投资资产的保值、增值、配置等诉求提供一系列金融产品和服务的服务商。具体而言，财富管理业者是指根据高净值客户不同人生阶段的财务需求和收益风险偏好，为客户进行相应的财务规划，通过现金管理、资产管理、债务管理、保险保障、税务筹划、退休计划及遗产安排等手段，对客户的资产、负债、流动性进行管理，帮助客户达到满足财务需求、降低风险、实现财富增值目的的财富管理机构。"通过这句话，我们可以看到未来银行职能的转变，从存贷款机构逐渐转变成为财产管理机构。由于银行背靠国家这棵"大树"，信用和综合实力，都无人能及。在这样的背景之下，加速行业转变，会更加吸引财富拥有者的投资目光。

从宏观角度上讲，中国的富裕阶层已经成为社会主要财富的拥有者，甚至10%的人攥着90%的金钱。如此庞大的财富，就像一个超级"雪球"，慢慢地在各种投资市场上滚动。但是当这笔钱，错误地进入某个资金链条，就会给社会带来严重的问题。比如，十年前的炒房团引发的"经济泡沫"，这样的泡沫恐怕在未来十年内还将持续影响中国的经济。银行作为一个"财富枢纽"，更要逐渐起到调节作用。因此，银行所推出的服务，要将财富"雪球"吸纳进来，让它在银行内实现滚动。

从微观角度上看，富裕家庭对财富的追求和分配，也越来越理性。举个例子：一个靠炒房发家的老板，如今将50%以上的资本投入到各种理财产品中。其中有无风险的普通银行产品，有低风险的理财升值产品，也有黄金、白银等贵金属投资，而固定资产的投资只占了很少的一小部分。通过这个角度看，选择更加稳妥的、风险更低、回报率较高的财富分配方案，是大多数富裕阶层的投资选择。几年前，有人选择炒外汇期货，甚至有些人出于一种

"赌博"心理，参与"地下钱庄"的放贷业务。许多业务因为不受法律保护而败光了全部家产，似乎成了一种屡见不鲜的现象。越来越多的教训，让另外一部分处于观望状态的富人有了更加理性的判断，他们只会把钱投入到更加稳妥的行业里，让自己的财富在得到法律保护的情况下进行保值、升值。

更加理性的财富分配和投资，是全球富人未来致力的一个重要课题。因此，商业银行要学会借势，在未来世界中，给富人提供一种更可靠、更安全、更合理的资产管理服务。

财富格局专业化

美国作者洛威尔说过一句话："财富可以成为一件宝物，因为它意味着权力，意味着安逸，意味着自由。"世界上，只有财富和自由是两个永恒的追求目标。和平年代，自由的愿望早已经实现。财富目标，就变成了大多数人终身奋斗的目标。财富分为物质财富和精神财富。物质财富，主要有形的、可以被金钱所衡量的价值；精神财富，是一种无形的，比如社会地位、个人成就等。在资本世界里，物质财富似乎更是人们永远绕不开的话题。追求财富不是一种罪恶，而是一种价值观。由一块钱变成一百块钱，不仅是一种奇迹，更体现了人类的智慧。如今，中国大概约有15%的家庭步入中产阶级，这些人掌管着十万亿以上的财富资本，使用着50%以上的技术专利……这些家庭，不但有富裕的金钱，甚至在财富管理理念方面，也是非常先进的。他们对财富管理的需求，也是非常迫切的。据权威机构统计，欧美发达国家，平均每5个家庭就配有一名金融理财规划师。这些金融人才，不仅可以给这些家庭带来财富上的提升，而且还能提供更专业、更精准、更加人性化的服务。

讲个故事：某银行有一名资深财富顾问，他叫吴晓东，是国内某211大学金融专业的研究生。他从柜员做起，一步一步成长为银行私人财富管理顾问。他服务着数百名私人大客户，掌管了金融资产数十亿元。他说："许多高端客户，对于财富管理的见解，甚至超出了许多银行专业人才。如果我们银行无法提供更专业的财富管理，就会被市场所淘汰。"在这种压力之下，吴晓东努力学习各种金融管理知识，提升自己的工作水平。越是高端的客户，对专业要求越高。为此，吴晓东还考取了CFP、CPB等理财资格证。只有这样，似乎才能得到这些"财富拥有者"的信任。

有一年，某高科技公司COO找到吴晓东，希望借助吴晓东的专业知识，设计一份价值2000万的保险理财产品方案。为此，吴晓东专门拜访并要求当地著名的保险专家进行分析、研究，并制定出一套非常全面、合理的保险产品组合。高科技公司COO看过这个方案后，竟然对吴晓东竖起了大拇指。此人称赞吴晓东："从事管理运行工作这么多年，这一份财富运行管理方案，是我见过的最好的一个方案！"

联想集团董事会主席柳传志认为："我们在管理过程中形成了两个层次，画个屋顶，做在自己行业专业的事。在钱不多的时候，用成熟型技术；赚到钱后再做研发，做创新型的技术，创新型的技术需要对行业了解才能做出来。"这句话，表明了一种"专业"的态度。如果做事不专业，甚至完全是凭空想象……用这样的态度去做财富管理，恐怕会把许多人的钱撒进太平洋里。财富，本来就需要专业的财富管理专家去做，去配备。放眼全世界，那些顶级富豪的身边，都有一名财富管理专家帮其打理财富。钱投到哪儿，都要经过严格的数据分析。因此，这也需要银行朝专业化的方向努力。

令我们高兴的是，许多银行已经意识到这样的问题，并且通过三个方面提高这种专业化服务能力。第一个方面，大力发展人才智库。许多年前，银行员工给人的感觉是学历不高、专业素养不够，甚至有些柜员连最基本的"点钞技能"都不过关，仅凭一点人脉和社会关系，就能在银行混到退休。这几年，银行有意识地加大专业人才的引进和培养，甚至有银行高薪聘请金融理财方面的专业人才，提高银行的财富管理服务质量。第二方面，银行的专门部门也如雨后春笋般成立起来，比如有些商业银行有私人银行部、信托部、保险部、投行部等，这些部门将财富管理精细化，分别由不用的专业人才负责管理运行。因此，这也给更多人们提供更多财富管理方面的选择。第三方面，提供高端客户的个性定制化服务，这种服务突破了传统单一理财产品的理财模式，而提供一种"品质生活定制"或者"至尊商务定制"等专业服务，从而满足高端客户的需求。

走向专业，是商业银行未来发展的唯一出路。无产阶级领导人董必武说过一句话："精通一科，神须专注，行有余力，乃可他顾。"

财富格局个性化

讲个故事：曾经有一个国营木器厂，在市场面前转型失败，最后破产关门。这家国营木器厂的一位资深木匠，拉着几个工友成立了一家家具公司。最初，这家家具公司的产品，与市场上售卖的板式家具区别不大，在款式等方面，也并不突出。因此，这家家具公司经营得比较困难，甚至有时候连工资都发不下来。后来，这位资深木匠去了一趟欧洲，开阔了一下眼界。

在飞机上，一个从事灯具设计的乘客与他交流起来，并建议他走个性化的定制家具设计路线。结合自己在欧洲的所见所闻，这位资深木匠回国后的第一件事，就是在所在城市的闹市区，开了一家定制家具体验店。令他没有想到的，开业第一个月，就接到了100万元的订单。

资深木匠尝到了甜头，为了丰富产品和家具特色，他从深圳高薪聘请业内资深设计师，为其推出一款名曰"宁致"的定制家具系列。该系列刚刚上市，便受到广泛好评。借助这种个性化的家具定制服务，该家具公司不仅扭亏为盈，后来发展成为数百人的大型家具公司。

个性定制已经成为当下最流行的一种经营理念，小到一块手表，大到一辆汽车，从生活起居到财富管理，都有相关的个性定制服务。笔者有一个朋友，从事旅游行业。他推出的一个"夏日浪漫游"的豪华个性定制套餐，是专门为新婚夫妇量身打造的。这种个性旅游服务，与团队旅游完全不同，甚至是"一对一"服务的，一个导游带着一对或者数对新婚夫妇，以"自助游"的方式，"漫无目的"的旅行，真正体现了旅游的意义。事实上，人们对财富的认识已经有了更新的认识，从而产生了新的需求。尤其是富裕阶层，手里攥着大把的钞票，希望可以得到属于自己的个性服务。俗话说，有钱就任性。所谓"任性"，就是突出个性，与众不同。

以私人银行为例，许多银行推出高端私人银行定制服务，就是在这一方面的一种尝试。随着中产阶级人数越来越多，人们对财富有了更新的认识和需求。比如，受经济波动影响，许多中产阶级产生一种"保值压力"，存银行定期无法达到"保值"目的，自己的财富反倒在银行的仓库里逐年缩水。为此，他们将会投向其他的理财方式。随着私人银行业务的出现，许多人也会将目光转移过来。所谓私人银行业务，就是给高端客户办理"私人"业务的部门。所谓的"私"有两个特点。第一个"私"，是"私人"，也就是专门为客户定制的个性化服务；第二个"私"，是"私密"，甚至是一种"加密"服务，也就是说，这样的财富管理，风险更小，安全系数更高。由于次贷危机的影响，保守的中国人似乎对"高安全度"、"低风险度"的财富管理，有了一种趋之若鹜的需求。但是这样的需求，对财富管理和财产配置的要求更高。私人银行的出现，恰恰给这些人解决了这样的需求。

私人银行最早出现于欧洲，发展于欧洲，盛行于欧洲。尤其在瑞士，私人银行的数量可以用"遍地开花"来形容。私人银行提供的个性化服务，不仅更加专业，而且充分保护客户的个人隐私……这也与当下"信息泄露"形成鲜明反差。另外，私人银行的管理服务更具人性化，财富管理专家的责任心也更强，会无限担责，能够给客户带来财富的持续增长。最近几年，中国的商业银行也逐渐开通私人银行业务，但是由于缺乏相关经验和人才，在高端个人理财业务方面，与欧美成熟的私人银行业务相比，还有较大的差距。因此在业内有一句颇耐人寻味的话："蛋糕还在烤箱里。"

　　个性化的财富管理，需要更加专业的人才队伍。俗话说，没有金刚钻，别揽瓷器活！金刚钻有了，商业银行才能分享这块财富"蛋糕"，从而让商业银行脱胎换骨。

财富格局全球化

互联网把世界变成了"地球村"，不同国家的两个人，似乎也可以变为彼此友好的"邻居"。因此，"走出去"似乎也变成一件非常普遍的事。随着世界一体化的逐渐深入，财富格局也在悄悄发生变化。举个例子：国内某商业大亨，除了在国内进行财富管理外，在海外也有不动产、产品投资、银行理财等财富分配，并实现财富的全方位布局和优化。这种国际视野，许多有钱人都开始纷纷效仿。

笔者记得有一个"北京土著"写过一段文字，叫"逃离北京，去澳洲"。意思就是把一部分资金投到海外，让自己的资本有一个较为稳妥的提升。事实上，卖掉一套房子，就可以换成几十万、甚至一百万美金，这样的一笔钱，如果进行合理分配与投资，好过直接把房子交给"中介"机构去打理。从投资角度上讲，财富增值是第一位的；如果从理财角度上讲，财富保值是第一位的。但是越来越多的高净值者不满足于"保值"，追求"滚雪球"般的财富积累才是终极梦想。因此，这种"逐利"游戏在全世界范围内进行，甚至哪里有更好的投资项目，就会把钱投到哪里。

与世界发达国家不同的是，我们的资本市场并不成熟，人们的财富管理的思想还较为保守。举个例子：国内许多有钱人，宁可购买不动产，也不会把钱投入到其他行业领域里。换句话说，这种"守着钱"的投资思维，早已经是过时的思维。就像把三百两银子埋在自家院子里，过几年挖出来，还是三百两银子……如果遇到金融危机，三百两银子只能够买一百两银子的东西。因此，这种财富管理的保守思想，最后的结果很有可能是"坐吃山空"。以国家为例，13亿人口的中国，社保金只有三万亿元人民币；2400万人口的澳大利亚，却拥有10万亿人民币的社保金。如此大的悬殊，也逼迫我国在财富管理方面，进行全球布局。财富得到了大幅度提升，才能健全社会保障体系。对于手握巨额资本的富人而言，这种全球化的财富管理分配也在悄悄进行。

讲个故事：有一个叫王五的人，开了一家养鸡场。通过卖鸡，他成为改革开放后的第一批万元户。有了钱，王五打算做点其他投资。比如拿出一部分钱购买国库券，另外一部分钱，扩大了养鸡场的规模，继续实现盈利。

天有不测风云，一场鸡瘟，让王五的养鸡场遭到灭顶之灾。好在，王五购买的国库券，给他带来了一部分回报，避免了破产的尴尬窘境。尝到"投资"甜头的王五，总是能够将赚来的钱分配到五个方面。第一方面，把20%的钱存到银行做定期；第二方面，把20%用来购买银行债券；第三方面，把20%的钱购买保险公司的理财产品；第四方面，把20%的钱抛进了股市；第五方面，20%的钱用于生意运转。在二十多年前，这种财富管理理念是非常超前的。正因如此，这个靠养鸡场起步的王五，很快成为国内第一批百万富翁。

后来，王五学会了"资本运作"，更加走上一条财富积累的快车道。通过购买理财产品、投资房产、股权私募、固定收益信托等，他又成为国内较早一批亿万富翁。如今，这个人的投资遍布海内外，生意越做越大的同时，钱也越赚越容易。用句"粗俗"的话讲，就是"上道了"！

未来的财富市场，一定是国际化、全球化的。对于那些净高收入者而言，早已经不满足于在家门口小打小闹这种玩法了。另外，国内的财富配置环境，也进入了一个新常态。总体经济下行，资本市场面临过渡与转型，因此资本回报率也在逐年下降。因此，这迫使更多超级富豪把眼光转向海外，做一个全球化的资本分配管理。就像投资大佬索罗斯说的一句话："我把金融市场当成我认识世界、了解世界的一个窗口。"

不管如何，财富全球化布局已经不可阻挡。就像是"春天的脚步"，一定会赶在"最后一场雪"之前。经济的全球化，更是加速了财富全球化的脚步。对于中国的超级富豪而言，或许也到了"走出去"的时候！

第二章　互联网时代下的银行服务类型

互联网改变了整个世界的思维，也改变了传统银行的服务类型。如今，银行的服务依赖于互联网，而且更注重客户的体验和个性。为了满足不同客户的需求，所提供的服务甚至是多元化的……

银行"互联网"服务

货币的演变，如同人类文明的发展史。从远古社会的自然货币，到封建社会的铸造货币；从铸造货币，一步一步发展到纸币。科技的进步，让货币的形式也发生了改变。上世纪九十年代，电子货币的出现，让人们的生活方式又得到了进一步的改变。人们不需要随身携带大量现金，只需要随身携带一张卡，便可以走遍全世界。再后来，日本人中本聪发明了比特币，又告诉世人，未来的货币形式完全可能以一串字符的形式存在。这种货币，不依赖于传统媒介，只存在于互联网世界中。互联网的发展，更是改变了人们的消费、支付习惯。举个例子：只要去一个有二维码的地方，我们就可以通过扫二维码完成消费支付。生活习惯改变了，银行的服务也要跟着变化，"以不变应万变"的方法已经不再适合互联网时代。

随着许多互联网大亨逐渐介入金融行业，比如支付宝、微信支付、百度支付、京东金融等的出现，对传统银行业的冲击非常之大。如今，许多年轻人更愿意选择花呗、京东白条等互联网借贷平台分期支付，也不愿意选择普通银行的信用卡分期业务……原因在哪里呢？如果我们仔细对比，才能够发现，互联网金融提供的服务，远远好过传统银行提供的服务。因此，许多传统银行在时代面前，不得不选择屈服、求变。因此，互联网银行的概念也就被抛售出来。

什么是互联网银行呢？简言之，就是借助互联网技术为客户提供存贷款、支付、交易、理财、汇款、账户管理、电子票证等服务的机构。互联网银行有四个特点。第一、互联网银行不需要实体网点，有互联网覆盖的地方就可以享受到互联网银行提供的各种服务；第二、互联网银行没有休班、轮班制，而且便捷高效，比传统银行更加安全、可靠；第三、互联网银行不需要大量人力资源，因此在运营成本上，大大低于传统银行；第四、互联网银行更加注重客户体验，而且升级换代更快，更具服务精神。就像微软总裁比尔盖茨所说："传统银行不能就电子化作出改变，将成为21世纪灭绝的恐龙。"因此，传统银行不仅要转变思路，更要借助互联网发展壮大自己，向世人提供安全、便利、透明、高效的互联网E服务。笔者认为，传统银行的"互联网+"服务，将具有以下特点。

1. 打造新型"金融超市"

"金融超市"的英文名字是FinSupermarket，是互联网时代下，一种覆盖多金融产品与服务的经营方式。如果我们过去把传统银行营业大厅看做是一个门市部，它只能解决生活应急，而无法满足客户的其他需求；但是"金融超市"则完全不同，它完全是一个全方位、多维度的大超市，可以满足客户的一切需求。在互联网体系下，银行、保险公司、证券公司等，功能上可以"打包捆绑"，直接提供一站式服务。当前，"金融超市"发展前景十分广阔，国家也在大力扶持。作为互联网时代的一种思维转变，"金融超市"的平台会越做越大，产品、服务也会越来越多。

2. 促进"产融结合"

产融结合是某个产业与金融行业为了实现共同的目标，而采取入股、渗股、持股、控股等参与结合的方式，实现产业资本与金融资本的融合。换句话说，产融结合是一种资源的优化配置与重新整合。传统的"产融整合"，只是简单的债权重组，是一种被动的组合；现代的"产融整合"，完全是强强联合、各自发挥各自的优势与特长，是一种合作共赢的关系。比如银行与电商的合作，不仅提供了更为便利的购物服务，而且还促进了产业整合，让银行与传统企业一起转型、发展。

3. 推动银行产品升级

传统的银行，提供的金融产品与服务，似乎有一种"老三样"的感觉。即使推出新产品，也是一种"换汤不换药"的方式。互联网的出现，可以让客户的需求与银行提供的服务，发生直接碰撞。这种碰撞的结果，则有利于银行加速非信贷业务的升级。

邓小平说过一句话："掌握新技术，要善于领悟，更要善于创新。"互联网为银行提供了"创新"的温床，抓住这样的大好时机，才能实现服务的升级。

银行"体验式"服务

讲个故事：有几个年轻人，他们从事不同的行业。某一天，他们相约在一起，筹划创办了一个名曰"猫"的咖啡馆。这个咖啡馆，并非以"猫"为主题，而是给人一种安静、神秘的感觉。

许多年轻人来到这里，并非只是享受一杯咖啡，而是选择聆听咖啡馆里舒缓的音乐。在这样的体验过程中，身体和灵魂都得到了放松。后来，这几个年轻人又将咖啡馆进行了功能上的分区。开辟了"读书角"，心灵"沙龙"等，寻求不同功能体验的消费者也会选择不同的角落。

又过了几个月，一个"3W"体验区又划分了出来。所谓"3W"体验，就是提供"WHAT"、"WHERE"、"WAY"的解决方案，为创业者提供创业思路和创业资金。没有想到的是，这家咖啡馆开业不久，就成了一个商业"明星"。后来，这家咖啡馆越来越有名，甚至发展成为了连锁企业。

俗话说，活着就是一种体验。人之一生，在不同的时期也有不同的人生体验。但是这种体验，更多是一种人生历练，是一种"被动"的关系。还有一种"体验"，是一种需求所产生的"体验"，这种"体验"，是一种主动体验。人们通过舒适的体验，可以在自己的大脑中产生良好的记忆。举个例子，有人居住过一家五星级酒店，而这家酒店提供的服务给这个人留下美好的印象。能够给人们提供舒适的"体验"服务，就能够推动一个产业的发展。因此，一个名为"User Experience"用户体验的词语被抛售出来。用户体验，由四个元素组成。

1. 印象

对于一个传统银行而言，给人留下的印象是严肃的、高高在上的、非常牛的感觉。甚至有人说："得罪谁，也不要得罪银行的人！"这种印象，是一种不好的印象。银行"大爷"时代已经一去不复返，而"孙子"时代则刚刚开启。在这个过渡期，只有改变人们心目中的印象，才能顺利转型。对于传统银行而言，我们可以借助"互联网+"进行转型，比如美国花旗银行借助智能网点在零售业务上做足了文章。更多的银行，则是一改"强硬"的工作态度，用贴心的服务去感化客户，给客户带来更好的服务和体验。

2. 功能

传统的银行功能，可以用一句话进行总结：存款贷款，转账汇款……甚至连"像样"的理财增值服务都没有。随着社会的发展和客户的需求，才逐渐有了理财产品、信托产品、基金产品等。但是这些产品，功能单一，并不能满足净高收入者的资产配置、财富积累的需求。而在一些互联网业务方面，传统的银行似乎还不如一些互联网金融企业。因此，"智慧银行"的概念也就出现了。许多银行开始成立"智慧银行"，就是将传统与科技进行结合，借助智能设备，给客户带来"自助式"体验。这种"自助"功能，可以缓解"排队"现象。另外，这种"自助"设备，功能齐全，方便客户办理各种业务。另外，有些银行推出"私人银行"服务，专门为高端客户量身定做，以实现他们的相关需求。

3. 操作

传统的银行操作，需要银行员工进行"一对一"服务。人与人之间的服务，需要双方有良好的沟通和让步，一旦沟通出现问题，服务就会中断。因此，转型升级后的服务操作，也是由两部分组成的。第一部分，通过培训、管理等方式，让银行员工拥有一种"至高无上"的服务意识，在与客户的沟通中，能够"想客户之所想，急客户之所急"；第二部分，借助"智能设备"取代部分人工操作，从而完全避免沟通障碍，提高操作性能。

4. 内容

对于银行而言，给客户带来体验上的变化，则是非常重要的。如今，有一些银行与咖啡馆、红酒馆等合作，想尽办法提高客户的体验，办理业务之余，还能享受一杯自磨咖啡，或者小酌一杯红酒，从而带来精神上的愉悦。还有一些银行，则为客户提供其他业务平台，比如办理保险业务等。体验内容越丰富，越能给客户带来舒适的体验。

IBM公司有一个企业观："尊重个人，优质服务，追求卓越。"或许只有不断提高客户的体验，商业银行才能创造更大的价值。

银行"个性化"服务

社会发展到如今，人们对个性的追求，也逐渐达到顶峰。只要能够展示自己的个性，许多人都乐意去做。比如购买手机，人们选择苹果手机来体现自己的个性；购买瑞士手表，用来展现自己对品质的追求；购买跑车，也展现出自己的财富与张狂个性的一面。人们对个性的追求，也催生出"个性经济"与"个性服务"。如果一个企业或者银行，不能够提供"个性"服务，恐怕将失去巨大的商机。哲学家叔本华所言："人的本质就在于他的意志有所追求，一个追求满足了又重新追求，如此永远不息。"追求个性，并不是盲目的、极端的，而是对卓越的一种向往；提供"个性化"服务，就能帮助人们实现这种愿望。说到底，"个性化"也是一种商品，这种商品具有非常大的市场商机。

讲个故事：某商业银行，为了回馈VIP客户，邀请国内知名医学专家，现场与客户进行交流、讲座，讲座的课题是：如何摆脱亚健康，预防心脑血管疾病。负责活动项目的人，是该商业银行的大客户经理小吴。小吴说："我们银行的大客户，许多都是业内的成功人士，他们虽然收入很高，但是工作压力也很大，身体长期处于亚健康状态。许多人非常担心自己的身体，但是也很难接收到科学的'养生'理念。因此，我们银行组织了这样一个活动。"

　　这个活动开始之前，小吴将所有大客户都通知了一遍。没有想到，90%的客户都没有拒绝，而是一口答应参加活动。活动进行的非常好，客户通过与专家的交流沟通，受益良多。

　　除了这种"医疗"服务外，该银行每年"高考季"还举办"大客户亲子教育"的主题活动。小吴每年都会去北京邀请国内顶尖的亲子教育专家，与大客户进行现场交流。举办"个性"活动的目的有两个：第一，建立"客情关系"；第二，将客户发展成为银行忠诚度最高的客户。通过这种方式，这家商业银行收获颇丰，而且也让客户享受到了"个性化"服务。

　　除此之外，招商银行也推出过一种"银行+咖啡"的个性化服务。据了解，招商银行与国内某著名咖啡品牌签署"战略合作"协议，在国内许多城市成立"银行+咖啡"营业网点。客户不仅可以一边享受香浓的咖啡，还能办理各种银行业务。而华夏银行、兴业银行等知名商业银行，竟然开起了"金融便利店"，不仅能够给客户提供金融产品和服务展示，而且办理效率也更加高效。与国内商业银行相比，国外银行在个性化服务方面，起步更早，发展更快。以美国富国银行为例，富国银行的"社区银行"，形如"麻雀"之小，但是却"五脏俱全"。这些"社区银行"经营成本低，但是却降低了自己的"身段"，能够完全以一种"服务者"的心态与客户进行交流、服务。这些"小银行"，采取无纸化办公，而且还设有"一对一"的私密交流空间。就是这样一个"小银行"，却能够为客户提供"商超"般的全能金融服务，尤其在针对"小微"客户，他们更是打造出了个性化的服务品牌。因此，美国富国银行成为全美"网点"最多、铺盖面积最广、"金融神经"最为发达的银行。

　　前苏联作家米哈伊尔·普里什文说过一句话："每个人都有他自己的个性和自己的品行。对个性进行分类的尝试不会成功，因为个性就是表示一个人和另一个人的差别，这就是独特的、独一无二的个人特性。"笔者认为，个性是无法复制的，哪怕是成功的经验，也需要自己的摸索和总结。京剧表演艺术家周信芳认为："仅学了人家的好处，总也要自己会变化才好，要是宗定哪派不变化，那只好永做人家的奴隶了。"这也告诉我们商业银行的领导者，追求"个性化"服务是没有错的，但是莫要"邯郸学步"。在互联网大潮之下，我们更应该摸清客户的特殊需求，对症下药，才能独辟蹊径，趟出一条发展之路。

银行"多元化"服务

讲个故事：古时候有一个人，她叫孙陈氏，是一个编织蓑衣的能手。她的蓑衣不但质量好，而且能够抵挡暴雨。许多人都夸赞孙陈氏："有这等手艺，如同守着一座金山。"

当然孙陈氏并不以为然，她并没有收徒弟，也没有扩大规模，坚持原来的方式进行编织。后来，有一支军队路过此地。因为即将开战，急需作战用的蓑衣。于是，这个军队的将军亲自找到了孙陈氏，问："你能够在一个月内给我赶制三千件蓑衣吗？"

孙陈氏摇摇头："我一个月只能做三十件蓑衣，三千件……这怎么可能呢？"

"你知道，我不是在跟你商量，我是向你下命令！"将军有些生气。

孙陈氏没有回旋的余地，对她来讲，只能想尽办法在一个月内赶制出三千件蓑衣才行。被迫无奈之下，她向将军提出一个要求：借兵三百，让他们一起参与赶制。将军答应了她的要求，于是派了三百人给孙陈氏打下手。

说是打下手，其实就是教授他们编织蓑衣的方法。第一天，由于大多数人掌握不了技巧，竟然一件蓑衣也没有编织出来。第二天，亦是如此……这种情况整整持续了一周！第八天，三百名士兵终于学会了编织蓑衣的方法。

孙陈氏通过这种方式，不到三十天，就如愿完成了将军布置的任务。

后来孙陈氏意识到自己的"格局"太小了，因此借机扩大了生产规模。由于她的蓑衣质量好，除了售卖给军队，还卖给那些长期雇佣长工的地主。

这个故事，只是一个销售的故事！似乎与"多元化"服务没有任何关系，但是服务的目的也是为了营销。如果从这个角度上分析，多元化服务的目的，不也是为了满足客户的不同需求吗？就像某经济学家所言："不管你的工作是怎样的卑微，你都当付之以艺术家的精神，当有十二分热忱，这样你就会从平庸卑微的境况中解脱出来，不再有劳碌辛苦的感觉，你就能使你的工作成为乐趣，只有这样你才能真心实意地善待每一位客户。"

对于银行而言，为不同的客户提供不同的服务是职责所在。举个例子：铁路针对不同的顾客，提供不同票价和不同的火车车次，有针对学生的普通客车的半价票，有针对其他乘客的普通车票、高铁二等票、高铁一等票，甚至还有高铁商务票等，不同的客户都可以得到相对应的服务。这种服务分化，不仅出于对客户需求的满足，更是一种市场行为。前几年，有一个名曰"混业经营"的概念被推出，何为"混业经营"呢？简单来说，一个银行按照一定的方式在资本市场和货币市场上进行多种经营和多种服务。笔者认为，这种"混业经营"的好处有以下几项。

（1）混业经营完全可以促进多种业务的相互融合，比如银行业务、证券业务、保险业务等。这种融合，可以满足客户的"一站式"综合服务，让客户花办一件事的时间，可以快速、高效地办好三件事。这种融合，可以让三者之间，更加有机地结合在一起，所提供的服务，也更具有针对性。

（2）混业经营，本就是一种"多元化"的经营方式，这种方式的最大特点，可以集中银行、证券、保险等所有行业的技术优势、渠道优势，进一步加速技术与渠道的整合与升级，降低银行经营风险。银行经营低风险的好处，也会转移给客户，让客户更加放心。

（3）混业经营，可以通过多个纬度对客户进行服务设计。举个例子：服装设计师为客户设计服装，手表设计师为客户设计手表，皮鞋设计师为客户设计皮鞋，形象设计师为客户设计形象……综合下来，客户的综合形象得到了提升，心理需求也就得到了满足。多元化服务的目的，就是为了满足客户的综合需求，帮助客户提升价值。

（4）混业经营完全是一种"取长补短"的经营方式，而且在快速多变的金融市场面前，就有了更强大的抗击风险的能力。因此我们看到，当下国内许多商业银行都迈出了这一步。比如中国银行，1984年就在香港注册成立中银建设投资有限公司开展投资业务，后来又涉足保险、租赁、投行、基金、直投等行业，可谓精彩纷呈。

圣雄甘地认为："最高的道德就是不断地为人服务，为人类的爱而工作。"多元化服务的终极目标，想必也是如此吧！

第三章 互联网时代下的银行网点的机遇与挑战

> 互联网彻底改变了世界，因此也会改变银行。在新时代下，传统银行面临着转型的压力与挑战。俗话说，时事造就英雄！如果抓住这个有利时机，传统银行也将脱胎换骨、涅槃重生。

谁动了我的"奶酪"

著名畅销书《谁动了我的奶酪》中有这么一句话："变化总是在发生，它们总是在不断地拿走你的奶酪，预见变化，随时做好奶酪被拿走的准备，追踪变化，经常闻一闻你的奶酪，以便知道它们什么时候开始变质，尽快适应变化，越早放弃旧的奶酪，你就会越早享用到新的奶酪，改变，随着奶酪的变化而变化，享受变化，尝试去冒险，去享受新奶酪的美味，做好迅速变化的准备，不断地去享受变化。记住，他们仍会不断地拿走你的奶酪。"所谓"奶酪"，其实就是饭碗和财富。如今激烈的市场竞争，稍有不慎，"奶酪"就会被人抢走。

讲个故事：有一个公司，生产电子产品。他们的电子产品质量好，销量大，很快就占据了市场。在行业内，这家公司也是业界翘楚，似乎根本不把对手放在眼里。

中国流行一种克敌制胜的方法，叫围攻战术。为了抗衡这家电子公司，另外几个电子公司组成"商业联盟"，集合力量，形成一个力大无比的"拳头"。但是这个"拳头"并没有直接攻击对方的要害，而是采取了一种"迂回战术"，一点一点蚕食对手。经过半年多的时间，这个"商业联盟"的产品已经占领了三线、四线城市，逼迫该电子公司只能放弃"低端产品"市场。

又过了半年，有两家国际巨头也进入国内。国际巨头的产品质量好，技术先进，刚一进入中国市场，就拿下高端电子产品市场的半壁江山。一年之前还信心满满的电子公司，如今已经江河日下，威风不再。电子产品销量锐减，利润大幅度下滑。

令人惋惜的是，虽然这家电子公司并未倒闭，但仅仅以贴牌赚加工费为生，"奶酪"被对手抢走了一大半，恐怕难现当年的辉煌。

如今，许多商业巨头都开始进军金融行业，这对转型较慢的商业银行而言，并不是什么好事。甚至有人高喊："狼来了！"狼真得来了吗？事实上，狼不仅已经来了，而且已经开始了疯狂的"虎口夺食"行为。2016年的"双十一"，淘宝仅用19个小时，成交量就已经突破1000亿元。当然，有银行朋友不以为然，他认为："淘宝只是网商，钱还是从银行卡里刷出去的！"如果有这样的想法，那就大错特错了。据了解，"双十一"一天，通过支付宝"花呗"套现就超过100亿元人民币。"花呗"是个什么东西呢？说白了，就是支付宝提供担保的一种"套现"工具，这种工具类似于信用卡。简言之，"花呗"就是淘宝"信用卡"。除了支付宝"花呗"，另外一家电商巨头"京东商城"也有自己的"信用卡"，叫"京东白条"……类似于这样的非银行"套现"软件已经多如牛毛，比如买单侠等。另外，"花呗"不仅可以进行消费分期，且分期利率要远远低于银行信用卡利率，使用更加方便、快捷。身边许多80后、90后年轻人都在使用"花呗"、"京东白条"，办理信用卡的人则越来越少。

除了"虚拟信用卡"等对银行业务的冲击之外，在存贷款、综合金融理财等方面，许多商业银行也远远落后于许多互联网巨头。以京东金融为例，京东金融承诺的"存款"利率超过4%，远远高于商业银行2%的存款利率。余额宝曾经一度承诺6%的活期存款利率，甚至秒杀许多商业银行的5.5%的理财利率。由此看来，在存放、综合理财方面，银行已经没有任何优势，甚至已经处于劣势。在贷款方面，由于近些年"坏账率"变高，许多银行加大了贷款等相关信息的审核力度，环节多，审批慢，通过率低，于是许多人选择民间借贷机构进行贷款，或者通过提升"花呗"额度，进行大额套现。提供"套现"服务的企业或个人服务机构也越来越多。可以说，银行处在一种"前有劫匪、后有追兵"的进退两难的尴尬境地。

《谁动了我的奶酪》中还有这么一句话："有些畏惧是需要认真对待的，它会帮助你避开真正的危险，但绝大部分恐惧都是不明智的，它们只会在你需要改变的时候，使你回避这种改变。"因此，银行要敢于正视这种恐惧和危机，只有加快改革与转型，才能抢回属于自己的"奶酪"！

时势造就下的"英雄"

梁启超在《李鸿章传》中写道:"时势造英雄,英雄亦造时势。"英雄的出现,是时代造就的,当下的时代,似乎就是一个酝酿英雄的时代。但是如今,"个人英雄"时代已经一去不复返,这里的英雄,更像是以一种"集团军"的形式存在的英雄。对于商业银行而言,能够帮助其顺利转型,在新世界里站稳脚跟,便是"英雄"!

讲个故事:有一个外贸企业,经历了"欧债危机"之后,外贸订单锐减,甚至连给员工开工资的钱都没有了。为此,该外贸企业老板通过担保,从银行贷款以保证工资发放。即使如此,许多企业骨干纷纷跳槽去了其他公司。人才流失严重,更加速了这家外贸企业的死亡。

随着电子商务的兴起,似乎又让这家企业看到了一丝希望。因此,这家企业组织营销人员学习电子商务,希望通过电子商务平台,把订单转移到国内来。企业老板说:"外贸加工企业的产品,都能够达到'欧标',而'欧标',远远高出国内质量标准。也就是说,我们公司的产品,如果转销至国内,有着明显的质量优势。"

该企业先是借助互联网搭建商务平台,然后将这个虚拟平台与现实平台进行对接,就形成一种"线上—线下"的互动销售网络。半年之后,这个外贸企业就将订单从国外转移到国内，而且销售量比"欧债危机"之前还要大，利润也得到了倍增。

事实上，许多企业都赶上了"互联网"的浪潮，抓住有利的时机，抢到了自己的"奶酪"！对传统商业银行而言，互联网也是一个非常大的契机。如果错过这个机会，恐怕将失去参与未来竞争的能力。在互联网的影响下，有一对"翅膀"可以帮助传统商业银行腾飞，这对翅膀就是电子银行和零售银行。

何为电子银行呢？就是借助公共网络或者银行专用网络而向客户提供的一种离柜银行服务，服务包括网上银行、电话银行、手机银行、自助银行等。网络世界改变了人们的生活方式，人们借助网络进行工作、社交、购物、医疗等多方面体验活动，甚至连办理保险、交易股票等，也要进行远程办理。因此，电子银行的出现，是时代发展的必然趋势。电子银行，甚至就是改变传统商业银行命运的英雄之一。事实上，国内许多商业银行早就嗅到了这股时代气息，提前一步进行了布局。1997年，招商银行率先推出电子银行"一网通"业务，随后中国银行、建设银行也紧随其后，陆陆续续走上了"电子银行"的建设之路。互联网的快捷、便利、低廉的成本，给银行发展带来了广阔的发展空间。

何为零售银行呢？零售银行是一种专门针对小微企业、个人服务的银行。在大客户资源有限的情况下，走"零售"路线，不仅是一种转变，更是对资源的重新筛选和利用。有业内人士说："零售银行是传统银行走向现代银行的标志。"随着互联网用户和互联网相关的企业越来越多，这些互联网"大数据"就逐渐成为银行亟待开发的客户资源。举个例子：南方某中行支行，客户经理借助微信群、QQ群和论坛，发展个人银行客户数百名，直接或间接为银行带来了巨大效益。为此，有一些银行开始思考这个问题，并专门建立"大数据"中心，通过数据分析，建立营销网络。另外，零售银行更体现了银行的"服务意识"和"服务精神"，而且也改变了银行人员的营销方式，从线下逐渐转移到线上，从高柜前台逐渐转移到后台。这样的创新，同样也为传统银行开辟了一条出路。零售银行业务，因此成为传统银行发展之路上的另外一个英雄。

对于商业银行而言，坚持走合乎时代发展的正确之路，才能成为真正的英雄。

传统网点的"互联网思维"

有一个名词非常流行，叫"互联网思维"。什么是"互联网思维"呢？最早提出这个概念的人，是百度总裁李彦宏。李彦宏认为：人们的思考出发点，要从互联网的角度出发。换句话说，互联网思维就是一种特殊视角的思考。互联网思维有六大特点，零距离、趋透明、大数据、慧分享、易操作、惠众生。由此可见，互联网思维是一种极具价值的思维方式，借助互联网思维，可以解决许多管理方面的问题。如今，许多企业明星都在学习互联网思维，联想集团董事会主席柳传志认为："换一个角度，从结果的角度来解读，互联网思维与传统产业的对接，会改变传统的商业模式。从结果看，大致会产生这么几个效应：长尾效应、免费效应、迭代效应和社交效应。互联网思维开放、互动的特性，将改变制造业的整个产业链。因此，用好互联网思维，制造业链条上的研发、生产、物流、市场、销售、售后服务等环节，都要顺势而变。"

首先，互联网思维是一种平台思维。平台思维，就是参与满足客户的过程，更大程度地实现客户的需求、为客户创造价值。许多银行逐渐走出了第一步，他们不再把客户当成客户，而是把客户当成用户。用户与客户的不同之处在于，用户参与银行的服务、产品设计和研发；客户只是简单地购买银行的产品和服务，而不参与其间。事实上，现在越来越多的人乐于参与到一些平台的设计与管理中。他们认为，只有自己的利益得到充分的尊重，才能让银行等相关机构体现自己的价值。

其次，互联网思维是一种扁平思维。扁平思维，并非是落后的、局限在"条框"范围内的思维方式。事实上，扁平思维是一种相当开放的思维，它能够帮助银行减少职能环节，让服务和工作更加高效。以扁平思维为构架的扁平化管理，能够在上级对下级的管理形成一个"网状结构"，这种结构让银行内各个角色分工明确，像一个团队一样。当下，许多企业、银行借助智能办公系统，大大提高了管理效率。在授权方面，扁平化管理更容易"放权"，似乎可以让员工充分发挥个人能动性。

再次，互联网思维是一种跨界思维。这种思维方式的最大特点，就是"跨越"，敢于打破界限。股神巴菲特的合伙人查理·芒格认为："对于一个拿着锤子的人来说，所有的问题看起来像一个钉子。"他形象地将跨界思维比作"锤子"，创新则比作"钉子"！银行借助跨界思维能做什么事呢？以平安银行为例，平安银行通过跨界思维将互联网金融、现代农业、现代物流、资产管理、传统银行有机整合在一起，并形成一个创新能力极强的组织。就像平安银行行长邵平所讲："银行必须用互联网的思维进行思考，将互联网技术融入产品和服务之中，不断创新商业模式，有效切入实体经济，做'互联网时代的新金融'。"

另外，互联网思维还是一种大数据思维。俗话讲，大数据就是一座金山。许多银行，都在想方设法找到这座"金山"的开采方法。大数据思维是一种新思维，更是一种可以帮助传统银行改革转型的思维。许多银行开始借助大数据解决经营管理的问题和决策方面的问题。大数据之父维克托·舍恩伯格认为："世界的本质是数据。"互联网让这些数据变成了有价值的信息，这些信息，有的印成"货币币值"的符号，有的则搭上"文明传承"的符号。或者说，数据就是互联网时代的DNA，只有解析出DNA的密码，才能挖掘到财富。

万向集团老总鲁冠球说过一句话："过去总觉得互联网仅仅是一种工具，企业里有人用就可以了，没必要每个人都懂都用，总觉得鼠标里点不出万向节。现在不同了，孙子、外孙回来都跟我讲互联网，互联网已经从一种工具变成一种思维，一种文化，一种工作和生活的状态，打印产品也已经近在眼前了。怎么办？只有下功夫学，善学者能，多能者成。"对于那些陷入泥沼的传统银行而言，或许互联网思维就能够帮助它们找到出路。

市场窄门：精准经销才是出口

《圣经·马太福音》中有这么一句话："你们要进窄门；因为引导到死亡的那扇门是宽的，走去的路是大的，进去的人也就多了；引导永生的那扇门是窄的，走去的路是小的，找到的人也必然少。"由此可见，"窄门"如同一扇真理之门，寻找到真理的人必然也是少数。"窄门"不是枷锁，更不是永远是"窄"的。通往"窄门"的路是窄的，但是推开"窄门"，里面的世界则是广阔无边际的。处于转型期的传统商业银行，大多数还在寻找之路上。有的可能已经发现了窄门，有的可能还在摸索，有的已经找到了"宽门"……总之，转型之路并不多，甚至选择余地也是十分有限。

讲个故事：有一个房地产公司，他的老板叫老周。老周是一个喜欢传统文化的人，非常喜欢古人的智慧。但是需要补充一点，古人的智慧并不过时，有的甚至非常超前。比如古人言："人弃我取，人取我予。"这种经营思维，放在当下依旧非常时髦。当房地产非常热，许多开发商纷纷都在拿地的时候，有人也劝老周："趁这个时候多拿点地吧，拿到了地就等于抢到了钱！"

真相果真如此吗？越是火热，似乎越是一种假象。老周认为："这时候高价拿地，简直是自寻死路！"于是，他一直等待一个机会。当房地产热逐渐降温，房价开始趋于平稳，加之抑制炒房的相关政策，许多高价拿地的

"地主们"才恍然大悟，但是后悔已完。老周呢，则不温不火。他根据一系列政策的变化，将企业进行转型升级，开始从事产业园的建设。这一变化，不仅让企业转危为安，甚至还走上了另外一条康庄大道。

"窄门"是一扇"求生之门"，也是不常被推开的一扇门。许多人认为，商业银行的转型升级，要完全借助国家政策和互联网技术。回过头来看，许多银行趋之若鹜地等待国家政策的时候，有一些商业银行则早已经开始行动。它们把精准营销放在首位。俗话说，营销才是企业发展的唯一出路。如果做不好营销，政策再完善，环境再好，也无法帮助企业脱贫致富。有一位软件公司的老板，他认为："软件比拼的是技术，但是更加比拼销售渠道！"渠道打通了，市场资源得到了整合，即使卖的不是软件，卖的是"假药"，也完全卖得出去。这个比喻不好听，但现实情况确实如此。还有一些银行，它们寄希望于技术升级，靠科技带动营销。科技只是一方面，科技只能成为营销的一个"点"，而不能成为营销的一个"面"！精准营销是什么呢？它只是借助科技这个"点"，在深挖客户需求、建立客户沟通服务体系的基础上，扩大营销面积的一种营销方法。换句话说，精准营销并不排斥科技和政策，反倒是利用这两点优势，继续扩大营销面积。因此，我们看到，许多企业、银行采用传统媒体和新媒体进行营销信息推送，从而达到精准营销的目的。

讲到依托科技建立的精准营销体系，就不得不重提"电子商务"。电子商务的发展，已经有十多年的历史。在这十几年的时间内，绝大多数企业、银行都尝到了电子商务的甜头。据了解，工商银行在"电子商务"平台的搭建方面是非常成功的。2015年，工商银行的"融E购"平台就卖出13万台苹果手机，而著名电商京东商城同期只卖出12万台。由此可见，传统银行搭建的商务平台，同样有着强大的营销竞争力。另外，交通银行的"交博汇"电商平台也在积极地打造中。商业银行进入"电商"领域，不仅是一种跨界，更多则是一种尝试。这种尝试，就是在寻找"窄门"过程中而进行的。事实上，传统商业银行的"跨界"之举，更多是为了寻找客户资源，精确锁定客户。客户找到了，营销关系建立起来，"窄门"也就找到了。

股神巴菲特有一句名言："你所找寻的出路就是，想出一个好办法，然后持之以恒，尽最大可能，直到把梦想变成现实，但是，在华尔街，每五分钟就互相叫价一次，人们在你的鼻子底下买进卖出，想做到不为所动是很难的。"我们认为，寻找"窄门"之路的旅途中，也要摒弃这些诱惑吧！

银行网点的精细化管理道路

古人讲："业精于勤荒于嬉，行成于思毁于随。"做一件事，要精益求精，不要三天打鱼、两天晒网。过去，传统银行网点大多采取一种"粗放式"管理。这种管理方法过于强调人的作用，而忽略科学管理的意义。举个例子：粗放式管理的显著特点是"个人崇拜"，银行不是明星，也不具备明星的光环和效应，凭一己之力提高银行业绩，显然是不靠谱的。另外，粗放式管理对权力的约束力较差。有一个企业，就是采取的一种粗放式的管理模式。许多中层干部担心得罪他人的利益，因而睁一只眼闭只眼。那些高层领导更是夸张，只要能够拿到年薪便撒手不管。管理约束力差，直接导致干部和员工的自由、散漫、不守纪律，执行力也就无从谈起。后来这家国企破产重组，许多员工下岗失业。

精细化管理是一种现代管理方式，它就像一个电脑程序，一旦设置好了，就会按照程序运行。广发银行行长利明献对于银行精细化管理转型表述出这样的观点，他认为："精细化转型非常重要，你要根据风险来定价。我们知道国内的银行，因为现在大部分都是国有控股，基本上还是以老观念指引着中国的银行业的经营形态、战略形态还有服务形态；但是我们再看，市场化、国际化、综合化经营的时候，我觉得最重要的环节，你的资产怎么样做理性的定价，就要根据风险的评价来做定价。"走精细化管理的道路，就意味着传统商业银行网点的转型。走精细化管理之路，需要有四个"转型"！

1. 以"客户为中心"的转型

过去，商业银行在国家政策和政府背景的"帮扶"下，完全是一副"财大气粗"的形象。正因如此，许多银行网点服务意识差，并不能完全把客户当成"上帝"。因此，我们常常看到，客户排着长龙办理业务，似乎给人一种有求于银行的感觉。随着互联网的发展，许多业务已经不需要去银行网点办理。如果银行不能转变这种思路，客户就会彻底流失掉。因此，商业银行网点不仅要把客户当成"上帝"，还要把客户当成"用户"，充分考虑到用户的体验、产品的性价比、服务的差异。只有这样，才能把丢失的客户找回来。

2. 以"轻资产为中心"的转型

过去几十年，商业银行一直走"重资产"的经营之路。所谓"重资产"业务，就是以大额贷款为主的业务。随着国家经济转型，许多靠银行贷款为生的老大难企业，有的破产重组，有的直接倒闭，有的则携款潜逃……这些银行贷款，就成了死账、坏账。那么这笔账，银行要如何才能消化掉呢？事实上，只能通过其他业务，比如理财、投资等方式，进行"填坑"。如今，许多商业银行意识到这一点，渐渐开始走"轻资产"的经营之路。浦发银行行长朱玉辰也认同这个观点，并强调："资产管理的能力越来越成为各种金融业态比拼的焦点，谁能为客户资产最有效地保值增值，谁才能赢。"

3. 以"零售为中心"的转型

过去，商业银行的主要营业收入来自对公大客户。所谓对公大客户，就是企业客户。这些客户规模大，存款贷款数额也大，甚至有的是地方重点扶植的企业……与这样的企业做业务，似乎也是银行的一种荣耀。当然，这也符合"二八定律"！但是新常态下，银行与银行竞争越来越激烈，而效益、信用好的大企业也越来越少。许多商业银行为了生存，只能选择以"零售"为主的经营。事实上，选择以"零售"为主的银行，如今都经营得非常好。

对于中国而言，未来十年内，中国人均可支配年收入能够达到并超过8000美元，零售市场的前景是非常乐观的。

4. 以"互联网+为中心"的转型

互联网改变了人们的支付和取款的习惯，传统的银行已经无法满足人们的需求！这样讲，是不是传统银行网点将不复存在了呢？笔者认为，互联网让银行的功能发生了转变，并非要取代传统银行网点。如果把传统银行网点打造成"体验中心"或者"智能自助中心"，同样能够满足客户的需求。

精细化管理之路，是一条漫长和艰辛的道路。所以，只有守住寂寞、夯实前行，才能转型成功。

PART2
借用互联网思维管理网点

如果把总行看做是一个大脑，那么分行就是枝干，支行就是血管和神经，网点就是每一个细胞。事实上，银行是一个庞大的网络系统，且"神经"灵敏。如果有一个细胞出现问题，就可能如蚁穴溃堤，满盘全输。在新常态下，各网点管理者不仅要谨慎对待，还要掌握管理的三大要素和三大职能，防微杜渐，才能让整个系统运行良好。

第四章　新常态下的网点经营与管理

> 新常态，是一种"久病初愈"的状态，就"市场"本身而言，还是脆弱的。因此，在这种特殊的时代背景下，商业银行更要做足工作，宽进严管，重视管理细节，才能解决银行网点的转型问题。

新常态下的网点竞争

当下提到最多的一个词，就是"新常态"！何为"新常态"？举个例子，一个人原本是健康的，疾病让这个健康人处于病态，经过一段时间的治疗，这个人从病态恢复到健康状态，这个状态就是"新常态"。新常态与常态有所不同，它是建立在"破与立"的基础上，在新环境下，呈现出的一种态势。国家主席习近平解读"新常态"时讲道："新常态不是一个筐子，不要什么都往里面装……新常态不是不干事，不是不要发展，不是不要国内生产总值增长，而是要更好地发挥主观能动性、更有创造精神地推动发展。"在这样的环境下，各大商业银行似乎都有不同的打算和准备。

讲个故事：南方某商业银行支行，面对客户不足的窘境，采取了三个办法。该支行行长解释道："困难面前，想办法就能克服。网点的客户少，我们就走出去，把网点外面的客户请进来。"

第一个办法，该网点每个月都开展"走进社区"的宣传和营销活动。这个活动，主要针对个人客户。为此，银行成立了两个服务小组，一个叫朝阳小组，另一个叫光荣小组。两个小组不仅是伙伴，还是对手。因此，他们通过比对销售业绩，从而激发工作激情和团队战斗力。

第二个办法，该网点建立"微信"营销群。他们把现有银行大客户分类，进行"微信群"维护。大客户经理定期发布产品信息或者银行活动邀请函，与客户实现了24小时沟通。通过这种方式，该网点进一步提高了客户的忠诚度。另外，个人客户经理则通过微信、QQ、YY等平台，建立了"银行大讲堂"，专门向个人客户讲授金融知识。通过这样的平台，不仅牢固了合作，还吸引了许多潜在客户来听课。

第三个办法，优化了网点布局，提高了业务办理效率。行长解释道："我们银行对功能区进行更细致地划分，对柜台业务和自助业务进行优化。这样一来，就解决了'排长队'的问题。"另外，这家银行还为客户提供免费饮料，划分出来的休闲区还提供报纸、金融图书等，大大提高了银行网点的舒适性和体验性。

通过这三个办法，这家银行网点不仅解决了"客户少"的问题，甚至还成为全省优秀网点。

新常态下，银行网点竞争会更加激烈。这种"竞争"不是坏事，这种"竞争"可以加速商业银行网点的蜕变、转型、改革。一位学者认为："如果我们用十年前的办法和思维解决十年后的问题，你就会发现，十年前的办法和思维已经严重过时，甚至毫无用处。"新常态下，没有现成的经验，只有摸索出来的经验。因此，商业银行网点要树立"新思维"，才能在新环境下生存下去，并应坚持做好三点。

1. 守住底线

新常态下，许多行业都在面临转型。"两高一剩"的产业、地产等行业，是银行的"大客户"，这些"大客户"的信用度，也要进行重新分级与评估，杜绝死账、坏账的产生。另外，我们还要守住自己的职业底线和道德底线，避免滋生腐败。只有这样，才能"留得青山在、不怕没柴烧"。

2. 加快改革

如果新常态逼迫银行网点进行改革，那么互联网则促进银行网点的改革。逼迫与促进，更能够给银行网点转型提供动力。就像前面的故事所讲，重视客户体验、精细化网点建设，就是一种改革的方式。加大零售业务，减少"重资产"业务，也是一种改革的方向。

3. 提高服务

服务质量，是传统银行网点常常被诟病的一个重要方面。如果无法提高服务质量，客户就会去扮演"上帝"的地方去。如今，许多银行意识到这样的问题，从服务管理入手，加强两个方面的建设。一方面，提高银行员工的服务意识；另一方面，增加银行网点的体验性。不难发现，许多客户不满足于传统服务，而是渴望得到银行提供的"个性化"服务。在服务上做足文章，提高服务质量，是留住客户的唯一方法。

在新常态下，各商业银行只有深刻领悟"新常态"的内涵，抓住互联网时代的有利时机，深化改革，才能够摆脱危机，实现转型。

"去边界化"的网点经营

讲个故事：有一个人叫张三，他是当地有名的木匠。他不仅会做桌椅板凳，而且还会雕刻，且雕刻工艺精湛。张三在当地集市上开了一家家具档口，生意也非常好。

有一年，一个有钱人看上了张三的家具，于是开口询价："这套八仙桌，多少钱？"

"明码标价十五两银子！"张三开口道。

"能否便宜一点？十三两银子，我定做十套……我在前面开了一个酒楼，以后有空我请你喝酒！"这个有钱人很有诚意。

但是张三偏偏咬着价码不放，死活也不肯成交。后来，这位老板就非常不高兴地走了。旁边一位邻居劝张三："张三啊，十三两银子你也不赔钱，况且他一次买你十张八仙桌，你为何不卖啊？这不是到嘴的肥肉吗？"

张三解释道："我觉得，我的心血就值十五两银子，十三两银子，那是瞧不起我张三！"

张三手艺精湛，但是脑子却不够灵活，甚至连他妻子都讽刺他，长了一个木头脑袋。后来，有一个大财主修了一个豪宅，希望让张三专门为其设计、定做全套家具。但是这个张三却又拒绝了这个生意，他的解释是："我从来没有接过这样的活儿，根本做不了！"甚至此后，还有亲戚建议他去省城开个作坊，收几个徒弟，扩大自己的生意，但是也被张三拒绝了。

此后的三十年，张三一直固执地守着自己的摊位。再后来，张三眼睛花了，做不好木匠活。他的生意也越来越差，甚至连个"传承人"也没有，实在令人唏嘘不已。

许多银行网点，就有"张三"这种保守的倔劲儿，以为凭借自己的实力，就能够保住自己的金饭碗。事实上，如果不动动脑筋，开阔一下思路，市场就会被其他银行和金融机构抢占。刻板就是一种保守，一种不思进取。思想家严复认为："非新无以为进，非旧无以为守。"只有摆脱掉这些条框和边界，才能脱胎换骨，顺利转型。那么传统银行网点要想跳出边界，拥抱变革，要做到以下两点。

1. 拓展经营范围

传统商业银行网点，经营范围非常窄，业务种类也非常少。比如，通常只能办理存取款、转账汇款、贷款等个人业务，或者办理简单的缴费业务和理财产品业务。事实上，许多人希望银行网点能够提供更强大的一站式服务。举个例子，有人希望银行这种存款单位可以直接购买各类保险或者商业险，还有一些人希望银行可以提供一些与金融相关的其他服务……当然，经营范围的扩大，对银行网点的工作人员的要求更高，甚至需要他们提高自己的综合能力。举个例子，一个大卖场之所以吸引人，一方面有琳琅满目的各色商品，另一方面则有娱乐、餐饮等配套服务。如果仅仅只是一家小门市，客户也会寥寥无几。银行网点的经营范围越大，吸引力也就越强。

2. 打破需求边界

心理学家马斯洛有句名言："'人的需求层次理论'：最低层次是对生理上的需求；第二，包含对安全、稳定和质量的需求；第三，归属感；第四，对获得尊重的需求；第五，人类对自我实现的需求。"五大需求，是人们的基本需求。银行客户同样也存在这五种需求。当一个基本需求被满足，就会产生更为高级的需求。举个例子，一个人花10块钱买了一件衣服，目的只是为了"遮体"；当他用100块钱去买一件衣服，不仅为了遮体，而且还为了"保暖"；当他花1000块钱去买一件衣服，恐怕就是为了满足其"追求名牌"的心理。人类的需求越高级，也就会为此支付更多的钱。打破客户的需求边界，丰富"个性化"产品的种类和数量，提高体验感，就会让客户产生高级需求。比如，某银行网点开通"教育+成长"的理财产品，就大大满足了学子父母的相关需求。另外，商业银行要敢于借助成熟的科技提高服务含金量，激发出客户更多潜在的高级需求。

批评家雷蒙·威廉斯说过一句话："边界是用来打破的。"打破边界，就如同推倒一堵墙，让自己进入到一个更广阔、更有前景的空间。对于银行而言，打破边界就意味着创新。

"无差异化"的网点职能

当今越来越多的企业、银行，都在追求以"与众不同"的方法牟得发展良机。以手机为例，许多手机品牌采取"机海战术"，高中低档次的手机都有，希望覆盖全部人群，满足所有人的需求。事实上，这种"机海战术"并不能满足所有客户的要求，反倒那些走"精品机型"的手机品牌，比如苹果公司，专注创新和体验，反倒赢得了市场的认同。无差异化有无差异化的优势，差异化也有差异化的优势。对于一个银行网点而言，在经营路径的选择方面，似乎并没有那么多。走"差异化"经营之路，也是无可厚非的。

讲个故事：有一个香油磨坊，出品的香油远近闻名。许多人不远千里，驱车来此地，就是为了买上几瓶正宗的"小磨香油"。但是这个地方，大大小小的香油作坊非常多，生产的香油品质和口碑也参差不齐。后来一位台湾老板来到这里，对香油磨坊的老板建议道："你的香油品质一流，而且供不应求，你可以扩大一下生产规模，注册一个商标，打造一个品牌！"

香油磨坊的老板接受了建议，于是他跑到省城，注册了一个商标。而后，将自己的油坊规模，扩大了两倍，甚至还请来自己的亲戚帮忙。即便如此，他的香油依旧供不应求，甚至有一些企业公司找到他，希望"团购"！但是碍于生产规模的限制，他无法接这样的订单。后来，之前那位台湾老板再次找上门，希望以入股的形式帮助香油作坊扩大规模，成立一个现代化的油脂公司。香油磨坊的老板欣然接受台湾人的建议，于是一个规模化、可以量产、但是又遵循古法、品质如一的油脂公司成立了。

这家公司成立之后，不仅拿到了名优商标，而且直接带动了周边数以百计的农民就业。这家油脂厂，年销售额数千万元，而且香油品质与过去一样，且一直处于供不应求的状态。

就像可口可乐公司一样，班伯顿发明了"可口可乐"饮料的配方，然后严格按照"配方"进行生产……不管规模多大，味道不变，品质如一。事实上，规模扩大了，量产反倒可以降低企业生产成本。这种无差异化经营战略，是一种非常容易建立品牌、占领市场的一种战略。对于银行各网点而言，银行统一服务、严格按照"高标准、严要求"对各营业网点以"连锁店"似的模板进行打造。这种统一，恰恰体现出一种品牌和标准。在大家都在追求"差异"的情况下，独善其身，保留并发展自己的优势项目。换句话说，这是一种互联网时代下的"以不变应万变"的经营策略，并非是一种保守和不思进取，更不是一种逆潮流而行的行为。

银行网点的无差异化经营，就是逼迫自己走深化市场营销和市场营销传播之路，似乎有一种自己把自己"逼上梁山"的感觉。举个例子：某传统加工企业，在转型困难的情况，就走了一条深化销售改革之路。它们严格把控产品质量，把产品质量当做企业的生命线。在其他公司谋求转型或者降低成本的情况下，这样的经营策略反倒让企业站稳了脚跟，创造了第二次辉煌。回过头，我们仔细观察，那些走无差异化的幸存下来的"百年老店"，反倒以品牌和口碑改变了人们的看法和消费习惯。就像人们一提起"老字号"，就能想起全聚德、东来顺一样。另外，无差异化并不代表着一成不变。无差异化，也在顺应市场的前提下，有自己的"变化"！以不变应万变，是一种注重事物变化，处变不惊的智慧。

《老子》中言："天下皆知美之为美，斯恶已；皆知善之为善，斯不善矣。有无相生，难易相成，长短相形，高下相盈，音声相和，前后相随，恒也。"凡事都是相对的，善与恶、美与丑、静与动、变与不变，在发展的社会潮流中，都需要用发展的眼光去看问题。对于银行网点而言，首要任务就是要在剧烈的社会变革中冷静思考、临危不乱，在夯实基础的前提下寻求变化。就像《礼记·中庸》中讲到："凡事豫则立，不豫则废。言前定则不跆，事前定则不困，行前定则不疚，道前定则不穷。"只要做好足够的准备，无差异化未必就是"拦路虎"！

网点管理"宽进严管"

讲个故事：有一个公司，因为下游原材料紧缺，因此便放宽了采购政策，希望提高更多供货商的积极性。这家公司的老板认为："如果不放宽条件，恐怕没人愿意送货了！不管是提高价格也好，还是提高付款的现金与承兑的比例也好，都会让供货商尝到甜头。"通过这种方法，与一个大型供货商签订了供货合同，合同规模每月5000吨。

当这批产品进入该公司，化验过程中遇到问题。于是，供货商向该公司施压，希望成交这笔交易。但是这样的交涉徒劳无用，甚至闹得非常不愉快。该公司老板讲："降低采购门槛，不等于降低采购产品的质量标准……不要把我们企业当成傻瓜，这种做法，完全是一种背离市场道德的行为。"产品被拒之门外，供货商不得不调整供货策略，供应质量好的原料。

除此以外，该公司严把工艺关和质量关，对于不合格的产品，一律销毁，绝不允许一件次品、劣质品出厂。正因如此，这家公司不仅解决了采购问题，而且保证了产品的质量，提高了销售业绩。

当下，还有另外三种经营方式。一种是"严进严管"，一种是"宽进宽管"，另外一种是"严进宽出"。什么是"严进严管"呢？举个例子，就像一个严苛的老师，从教学、布置作业，到考试打分、选拔学生，都是非常严格的。俗话说，严师出高徒。严进严管是有好处的，但是这种管理方式，对"环境"的要求也非常严格。如果遇到一个不思进取、不爱学习的学生，这样的方法显然是没有效果的。在当下严酷的市场形势面前，过于刻板，也就意味着淘汰，所以要寻求适当的变化。所谓"宽进宽出"，更是一种不负责的行为。有些企业领导，本身就是"敷衍了事"之人，制定的管理制度，也如同虚设一般。有人说"宽进宽出就是卸下大门！"没有门，没有人去把关，完全靠个人信用作保证。事实上，结果都是悲惨的。何为"严进宽出"呢？现在，国内的高等教育，就属于"严进宽出"的教育。高考卡分非常严，甚至差一分，也无非被相关学校入取。但是进入高校之后，因为不受"政策"限制，便采取一种"放羊"管理。只要毕业考试及格，就能够拿到毕业证书。其实，这更是一种管理上的悲哀。按照佛家说法，是"剃掉六根"，但未学成佛法。而宽进严管则是一种非常好的模式，至少适应当前的现状。所谓"宽进"，就是降低门框，放宽政策，激发客户的积极性；所谓"严管"，就是严格把控，严格筛选，给"进门者"一个认真的交代。笔者认为，宽进严管"重"在严管，严管要"严"在三个方面。

1. 严控"不良贷款率"

当下许多组织、企业，在新常态下，都生存得非常艰难。银行网点放宽政策、降低门槛，就会有大量的"困难户"来银行寻求帮助。这些困难户，有的可能会借助组织关系或社会影响力，向银行网点施压；有的可能会用一部分"资产"做为抵押，然后寻求贷款……不管如何，银行网点的管理者和员工都要防止各种"糖衣炮弹"的袭击，严把企业以及企业担保链条的关卡，把"不良贷款现象"关在大门之外。

2. 严防"准入门槛数量"

宽进，并不意味着任何组织、任何人都可以自由进出。如果这样，银行就变成了"自由市场"。银行不是"自由市场"，而是一个信用体系下的交易或服务场所。从某种角度上看，银行是一个较为严格、严肃的机构。因此，对跨入门槛的客户，也要有数量上的控制。如果不严格管理，或许会导致失控。从另外一个角度上分析，严格控制"准入数量"，也是一种市场管理方式。只有完善准入规则，强化市场管理制度，才能逐渐"松绑"。

3. 严控"内部管理"

笔者发现，个别商业银行网点游离于分行或者总行的组织管理体系之外，这是一种非常"罕见"、但是又非常"危险"的一种现象。俗话说，凡事靠自觉。这句话，只能够讲给责任心强、有服务意识和奉献精神的个人来听。对于一个组织或部门，只能通过"内部管理"的方式，才能对"宽进"工作进行把关，否则就会滋生腐败，产生严重后果。

宽进与严管，不是对立的，而是彼此作用、相互统一的。就像有位哲人所言："严格的自我管理，是为了更好地翱翔。"宽进严管的目的，就是为了给银行网点的转型升级"保驾护航"！

第五章　网点管理三大要素

> 控制管理全局、提高管理成果、提高管理绩效是一个银行网点管理的三大要素！这三个要素，互为彼此，缺一不可。因此，需要管理者保持清醒的头脑，采取合理的管理方法，用实际行动解决管理的问题。

如何控制管理全局

笔者记得某企业家说过一句话："管理企业，就像驾驶一辆载满乘客的大客车在一条路况不好的道路上行驶。这就需要'驾驶员'打起十二分精神，靠着坚定的信念和出色的驾驭能力，才能完成带领企业发展的使命。"什么是领导呢？就是带领与引导。换句话说，就是能够控制局面，把队伍带到"安全地带"。控制是管理的一种表现形式。银行网点的管理，需要管理者做好三个板块的管理控制工作。这三个板块是人尽其能、物尽其用、花有所值。

1. 人尽其能

讲个故事：有一个马戏团，享誉世界。这个马戏团，最初只是一个"大篷车"表演队，队伍也仅仅只有三个人：老爹、老妈、女儿。他们一边游历世界，一边进行街边演出，后来，有一个老板找到大篷车的主人，也就是那个老爹，并对他说："你的大篷车能够给我们带来欢乐……但是总有一种不尽兴的感觉！如果你多收几个徒弟，在剧场里演出，想必会火得一塌糊涂！"这个老爹接受了建议，于是便着手组建马戏团。

最初，马戏团的演出节目少，而且现场失误率高，常常让他们饱受批评。老爹为了丰富节目内容，减少失误率，就采用了集思广益、人尽其能的方法，改善马戏团的表演现状。没想到，这种"鼓励"手段起了作用。许多年轻的杂技演员苦练自己的优势项目，然后将这些"绝活"一个一个搬到表演舞台上。马戏团也大获成功。

事实上，这位马戏团的老爹并没有进行太多管理上的调整和干预，甚至把设计、表演节目的权力完全交给了马戏团演员。这个简单的举动，就达到了人尽其能的目的。人尽其才、才尽其能也是现代人力资源管理的终极课题。按照一句老话讲，管好人，就能管好组织。如果能够做到这一点，恐怕就能像齐桓公那样九合诸侯、一匡天下了。

2. 物尽其用

举个例子：有一个生意人，他非常精打细算，甚至连一张字纸也舍不得丢掉。有人问他："这些字纸还有何用处？为什么不丢掉呢？"生意人说："这些字纸用处很多，至少能够给我带来三种好处。其一、变卖可以换钱；其二、可以铺衣柜隔潮；其三，可以用来当'火引子'。在我眼里，这些都是宝贝，我怎么能舍得扔了呢？"因此，社会上有这样一个言论：垃圾，合理利用也可以变废为宝。这就是物尽其用、充分利用资源的表现。

一个管理者，也是资源使用者和资源调配者。如果不能把资源进行合理使用，就会产生浪费。银行的资源都有哪些呢？通常来讲，有人力资源、社会资源、技术资源等，这些资源，就是一个银行网点的财富。因此，管理者要将银行的资源配置体现在最终的业绩上。其次，银行管理者还要具备"可持续发展眼光"，不要将视线局限在某一个点，要学会整合资源，让资源与资源进行对接、产生"化学作用"。再次，管理者还要在优化资源结构方面耗费一些心思。资源结构越合理，就更容易发挥作用力。

3. 花有所值

俗话说，好钢用在刀刃上。一个老板，要懂得利用资源，使用资源，而不是漫无目的地浪费资源。花有所值的"花"，并非特指花钱，而是如何让资源发挥作用。

举个例子：有一个饭店，生意一直不错。但是有一年，酷热难当，许多人都不爱出门，饭店的生意也一落千丈。后来，这个饭店的老板下血本买了两台大马力空调，改善了就餐环境。有了空调之后，顾客又回来了！如果仔细算笔账，花一万元买来两台空调，但是这一万元可以让该饭店每天增加500元的收入，二十天就彻底回本。作为一个银行网点的管理者，凡事以"经营结果"为目的。如果发奖金可以激励员工做大销售，这样的花销就是值得的；如果引进资源的目的是为了改善服务环境、提高客户的体验，这样的花销也是值得的。

管理大师彼得·德鲁克说过一句话："今天的社会有两种需要：对组织而言，需要个人为其做出贡献；对个人而言，需要把组织当成实现自己人生目标的工具。只有管理的有效性，才能使这两种社会需要相辅相成。"如果一名管理者能够做到人尽其才、物尽其用、花有所值，就能够控制全局，统领全局！

如何提高管理成果

管理大事彼得·德鲁克在《卓有成效的管理者》一书中写道："管理者的工作必须卓有成效。"俗话说，空谈误国，实干兴邦。如今，有一些管理者只是靠嘴巴说话，不是靠双手去做。到头来，没有一个人愿意跟着他去"战斗"。还有一些管理者，虽然也在干，也在埋头搞管理，甚至是"芝麻西瓜"一手抓，结果西瓜也没抓住，芝麻也洒了一地。管理是一门学门，还是一门艺术，甚至还是一种"评判"标准。就像德鲁克所说："管理者需要的是一套判断标准，使他能做真正重要的事情，那就是有贡献的有成效的事。"如何才能提高管理成果呢？笔者认为，要坚持做好五个方面的工作。

1. 推进精细化管理

前面我们讲到"精细化管理"的意义和重要性。事实上，如果凡事都采取一种"敷衍"的、"马虎"的态度去做事，一定得不到好结果。有个企业家认为："企业利益，都是从'跑冒滴漏'里节省出来的，如果不重视细节，恐怕就会赔钱！"俗话说，慢工出细活。精细化管理，就是一套坚持高标准、严要求的管理方法，它能够将每一个环节中核心衔接起来，并且渗透到每一个需要"细化"的"点"上面。长期坚持精细化管理，就能够让管理制度化、系统化、层次化，从而使组织管理更加精准、高效，就像科学管理之父泰勒认为："管理是一门科学"。既然管理是一门科学，科学又是不能违背的。精细化管理是标准化管理的"升级"，它同样也是一门科学。因此，我们要以严谨的态度对待它，还要用它来解决核心问题。

2. 加强队伍建设

俗话说，兵熊熊一个，将熊熊一窝。首先，管理者要加强自我管理，要严以律己，做到"三慎"。所谓"三慎"，就是慎始、慎独、慎微，这是一名管理者应具备的基本素质。其次，要加强队伍建设，尤其是加强队伍的工作作风建设。当下有些组织队伍，不仅没有凝聚力，甚至连攻坚克强的"精神力"也没有。这样的队伍，形如散沙，根本打不了硬仗。如果工作作风得到了加强，凝聚力得到了提升，战斗力也就有了。再次，还要加大队伍的培训力度。笔者发现，许多商业银行网点的员工，业务素质不达标，服务意识较差，甚至不懂得"沟通"……因此，企业或银行要加强专业素质的培训，通过培训提高队伍的竞争力和作战能力，才能赢得客户信赖。

3. 提高产品创新

新常态下，几乎所有的银行都在面临转型难题！如何转型，如何创新，如何才能适应新常态下的游戏规则，是银行亟待解决的课题。但是时代的脚步还在前进，这就需要银行以"发展"的策略，坚持走改革创新之路，才能成为最后的赢家。创新有三个方面，有管理的创新，服务的创新和产品的创新。尤其是后者，似乎显得更加重要。互联网作为创新的"助手"，可以加速这种创新。因此管理者要加强对"创新"与"改革"的支持，并且对市场进行大力调研，从而研发出适应时代发展和客户需求的新产品。

4. 做好监督工作

有人讲，腐败滋生于阴暗面。所谓"阴暗面"，并不是太阳照不到的地方，而是缺少监督的地方。如果一个机构滋生了腐败，管理就会出现严重问题。笔者记得有一个企业，领导带头"挖墙脚"，下面的"蛀虫"则跟着领导一起"挖墙脚"。因为缺少相关部门的监管，这家企业很快就倒闭了。建立并推行监督管理机制，就是为了防止腐败、防止空位、防止脱管！古人言："慈不掌兵，柔不监国"。只有做好管理监督工作，才能确保管理成果。

5. 健全服务体系

服务体系不健全，是导致客户流失的关键因素。因此，广大基层银行网点，要想方设法在服务上下功夫，进一步细化服务标准，规范相关工作流程，建立客情档案，真真正正把客户当做"上帝"！其次，还要完善企业文化建设，文化是魂，管理是魄。只有将管理与文化相结合，才能形成"魂魄"。魂魄，就是服务意识。有了服务意识，才能健全服务体系。

管理大师彼得·德鲁克在《哈佛商业评论》中讲到："当前形势的要求是什么？鉴于我的长处、我的工作方式以及我的价值观，我怎样才能对需要完成的任务做出最大贡献？最后，必须取得什么结果才能产生重要影响？"如果我们能够用实际行动给出这几个问题的答案，想必管理工作也就做到位了。

如何提高管理绩效

讲到管理，就不得不提到"绩效管理"。如果将"绩效"二字拆解开，"绩"就是业绩，也就是组织目标；"效"就是效率和效果。"绩效"能够反映出一短时间内的投入产出比！绩效不达标，就意味着投入与产出不成正比；绩效达标，则发映出管理的成效。如今，许多企业、银行都将"绩效"引入到管理中，通过绩效来衡量管理效果。

讲个故事：有一个公司，由于产品落伍，严重影响到销售工作的开展。为了提高销量，销售总监在会议上提议："我们公司必须要加大研发力度，产品没有竞争力，早晚会被其他产品替代，或者直接被踢出局。"

生产厂长认为销售总监在推卸责任，于是解释道："车间可不是研发机构，只负责生产。工艺改进、产品研发等问题，需要让公司研发部给出意见，否则我们也无能为力！"

看上去，生产厂长说得也没有问题，研发的事的确与他们无关。但是"足球"已经踢给了研发部，研发部部长喝了一口水，然后慢慢解释道："不是我们不想搞研发，研发需要大量经费，公司下批的经费实在有限。这一点，完全是公司财务拨款的问题。"

财务总监也急了，理直气壮地解释："知道为什么拨款有限吗？产品卖不出去，货款回收慢……公司哪里还有钱？"

此时采购经理也忍不住站了起来："公司确实没有钱！当下原料价格也在涨，而且都是'一手交钱一手交货'，没有钱，我们也是无能为力。这事，恐怕不好办了！"

这场讨论被公司老总听到后，这位老总感叹道："'足球'再这么踢下去，离关门就不远了！"

管得太多，影响员工的工作积极性；管得太少，又容易出现互相推诿的情况。那么如何才能把握这个度呢？笔者认为，没有形成公平、客观的绩效体系，是造成问题的主要原因。想要解决这个问题，管理者一方面要进行反思，找到自己的问题；另一方面要针对绩效管理做某些调整工作。具体调整管理工作，可参照以下三点。

1. 让"绩效管理"成为工作指南

笔者发现，虽有有些企业有"绩效管理"，但是绩效目标含糊不清，更没有针对"绩效目标"的工作说明和员工工作细则。说白了，这种的"绩效管理"如同一张白纸，没有实际意义。因此，管理者要把"绩效管理"当做部门和员工的工作指南，把"绩效目标"当做员工的工作奋斗目标。其次，还要建立阶段性的"绩效管理评价体系"，对每一个阶段的员工工作，进行客观公平的评价。只有这样，才能发现问题、找到问题、解决问题，帮助员工提升个人绩效，从而提升整个公司的绩效。

2. 让"绩效管理"成为工作流程

有一个企业家认为："科学管理流程，如同一台机器，从加工生产到包装上市，都会严格按照程序设置运行。"著名企业战略家姜汝祥也有同样的言论，他说："让流程说话，流程是将说转化为做的唯一出路。"换句话说，工作流程就是一个"转化流程"！绩效管理的另外一个特色，就是要求将管理者的个人的主管色彩排除在外，使"绩效管理"与工作流程充分结合。只有这样，员工才不会发脾气，才会把自己当做工作流程中的一个"传送机"。

3. 让"绩效管理"成为工作目标

前面我们说，让"绩效管理"成为员工的奋斗目标。首先需要强调的是，奋斗目标与工作目标是完全不同的。前者强调是一种精神力，后者则是强调责任心和工作任务；前者可以尽力而为，后者必须要不折不扣地完成。因此，为了实现这个目标，管理者要做好两件工作。第一件工作，沟通。只有加强沟通，才能了解员工的想法，才能进行意见交换，才能达成双方共识；第二件工作，激励。俗话说，舍不得孩子套不着狼！不管是物质激励，还是采取物质与精神相结合的激励，只有充分调动员工的积极性，才能提高执行力。

有一位管理学者认为："人人是人才，赛马不相马；企业说到底就是人，管理说到底就是借力绩效。"对于管理者而言，找到"绩效管理"存在的问题并不难，难就难在改变自己、约束自己！只有这样，才能从根本上提高绩效管理，打通执行渠道。

第六章 网点管理者的三大职能

> 作为一名管理者，有三大管理职能。这些管理职能，有针对部门的策略，有对自己的管理，也有对下属员工的妥善安排与分配。三大职能是基础工作，又是重要工作。只有夯实做到位，才能提高网点的经营水平。

提升管理网点的管理强度

讲个故事：古代时期，两国交战，其中一方经常打败仗。皇帝非常生气，于是下令斩了打败仗的将军，随后又立了一个新统领。这个新统领担心自己也要步前者的后尘，刚刚来到部队，便效仿皇帝的方法，杀一儆百、以儆效尤。

有两个老兵在帐篷里偷着讨论起来。其中一个说："砍头有什么用呢？根本不是士气问题，完全是作战要领不得法……如果再打一次败仗，恐怕我们的人头也要落地了！"

"是啊，没有人愿意打败仗！如果惩罚几个人就能打胜仗的话，这个将军谁也能干！"

这样的言论，很快就在军队了散开。为了消灭这种言论，新统领依然采用"砍头"的方式。战争还没开始，这支军队就已经人心惶惶了，根本没有精力放在作战上。此时一个参谋向统领进谏："不能再砍头了，再砍头，恐怕没有人愿意为你出征！当下，我们应该提升部队的士气，重新布置战术。"但是这位统领根本没把参谋的谏言当回事，依旧我行我素。

第二次会战开始了。令人难以想象的是，这对队伍不仅不堪一击，甚至许多士兵主动放下武器，甘当俘虏。一个士兵被抓后，敌人问他："为何放下武器？"这个士兵说："我的将军为了保住自己的性命，根本不关心我们的性命……既然如此，我们为什么还要替他卖命呢？"这支军队很快就被打散,新统领也在战斗中被杀!

现实中，许多管理者采用这种"杀鸡给猴看"的方式，企图用手里的权力管住员工，提高管理强度。事实上，这种办法不但不好用，而且还常常让员工感到压抑。另外，还有一群管理者，他们更像是"甩手掌柜"，把所有的工作都有条不紊地安排下去，做自己的"太上皇"，甚至描绘出一副"山高皇帝远"之景。有些员工工作几年，甚至连老板什么相貌都不得而知。这两种极端的管理方式，都不利于提高管理质量。笔者认为，提升管理质量只需要做好三件事，问题就能迎刃而解。

1.树立威信

曾国藩有句话："以贵凌物，物不服；以威加人，人不厌；此易达事耳。"威信不是"威风"，更不是"威严"，而是通过立"威"实现的一种双方互信。通常来讲，一个管理者有三种威信。

（1）政治威信：这种威信，是借助政治地位、政治权力，对下属施加"政治思想"，而这种政治思想是健康的、符合价值规律的，甚至是一种"辩证法"，一种行为准则。只有这样，员工才能信任你，才会跟着你走。

（2）道德威信：特指一个领导者的工作作风、道德水平。如果一名领导没有伟大的人格，就不会产生道德威信。

（3）职业威信：特指一名管理者对待职业管理的态度、方法和策略。通常来讲有六种风格的领导，分别是授权型领导、合作型领导、参与型领导、专家型领导、指令型领导和教练型领导。不管是哪一种领导风格，只要能够让员工信服，才能产生这种威信。

2. 正确用人

俗话说，人才是企业发展之根本！会不会用人，就是衡量管理者的一个重要指标。有些管理者的用人态度是"用人不疑、疑人不用"；有的管理者是"用人也疑，疑人也用"。不管是哪一种用人策略，都应该让最合适的人出现在最合适的岗位上。其次，科学用人，应该建立适应环境的"竞岗机制"。"能者上，庸者下"才是正确的用人之策。另外，会用人，更要会"育人"！能够为员工提供学习的机会，提高他们的工作能力和适应能力，比从社会上挖别人的墙角更为直接有效。

3. 完善考核

许多企业，管理松散、竞争力不强，原因在于没有完善"考核机制"。过去，一些老企业采取"平均主义"管理策略。只要上班，就给开工资；只要满勤，就有年终奖。这种方法，看上去很"民主"，事实上却无法提高员工的工作积极性，大家都在"比懒"，哪里还有提高业绩的情绪呢？完善考核，借助绩效指标去管理队伍，就如同一个羊倌，拿着一根"鞭子"去放羊。绩效考核指标也要与员工的薪水、待遇、职称相关联。只有这样，才能提高员工的工作积极性，从而提高管理强度。

管理学是一门科学，这门科学是一门涵盖社会、心理、经济等众多学问于一体的学问。就像管理大师彼得·德鲁克说的那句话："管理是一种器官，是赋予机构以性命的能动的动态的器官。没有机构，就不会有管理。但是，如果没有管理，那也就只会有一群乌合之众，而不会有一个机构。而机构本身又是社会的一个器官，它之因此存在，只是为了给社会经济和个人带给所需的成果。但是，器官从来都不是由它们做些什么，更不用说由它们怎样做来确定的。而是由其贡献来确定的。"

管理者的自我管理

管理大师史蒂芬·柯维说过一句话："要领导好别人，首先要领导好自己。"如果一个管理者，连自己的行为都无法约束好，又怎么能约束别人呢？笔者认识一名企业领导，他常常利用上班时间炒股票。后来炒股票亏了钱，便挪用公款继续炒股……后来越赔越多，口子越豁越大，堵也堵不上。这位领导因为"挪用公款"被判刑，美好的人生也就因此停止了！有一个企业家这样解读"自己"，他说："老板就是公司的一面镜子，如果镜子脏了，所有人都能看到！如果镜子是干净的，所有人也愿意跟在后面'照'镜子！"

讲个故事：古代有一个年轻人，他自幼学武，希望有朝一日打败天下无敌手。后来，他因出手过重，将一个人打成重伤。因此便偷偷地逃进了一个寺庙，以避灾祸。

这个寺庙不大，算上方丈在内，不过二十几个人。但是这个年轻人已经没有退路，只能在寺庙里住了下来。寺庙的和尚对他非常友善，不仅提供食宿，还常常为他诵经，以消除他身上的业障。这个年轻人深受感动，他开始反思，觉得身上的戾气太重，早晚也会出大事。后来他偷偷下山，发现伤者已经痊愈，甚至也没有通缉他的消息，他才终于安心！为了报答寺庙对他的恩惠，他决定削发为僧，成为这个寺庙里一名普通的和尚。

此后的几十年内，他坚持做苦活、累活，坚持练习功夫，并且将诵经当做修身的"日课"。久而久之，这个年轻人也成了一名得道高僧。他不仅有了定力，而且也有了很高的修为。功夫方面，想必也成为一名真正的武林高手。几十年后，这个年轻人成为了这个寺庙的住持。这个寺庙也由原来的二十人，发展成为五十多人的寺庙。

从某种程度上讲，住持也是一名管理者！一名管理者，自身拥有很高的本领、修为、定力，是非常重要的。国家主席习近平讲到党员干部，不仅要坚持"三慎"，而且还要有过硬的工作能力。俗话讲，打铁还要自身硬，就是这个道理。管理者做的不仅是"管理"，还有"示范"。著名教育家陶行知说过一句话："学高为师，身正为范。"从某种角度上讲，管理者就是一个企业的"老师"！如果自己不是德高望重之人，又怎么让"学生"好好学习呢？现在，有一个"三管齐下"的自我约束法，很值得管理者去尝试。

1. 管住自己的嘴

笔者认为，管理者应该是一个会说话的人。这种说话，是一种艺术，多一分则多，少一分则少。管住嘴，就是不该说的话，不要乱说；发脾气的话，不要乱说；有失体面的话，不要乱说；伤人自尊的话，不要乱说；发号施令的话，不要乱说。如果员工把老板比作"大嘴巴"，这个公司的风气一定不好。因此，管理者要学会"慎言"！古人言："初之列士桀大夫，慎言知行。"意思是讲，说话只有经过大脑，才能说出负责任的话。另外，管理者不要夸海口、说大话，更不要轻易许下承诺。事实上，有一些老板因为承诺未得到履行，反倒成为员工茶余饭后的话题。一个常常被人拿来"开玩笑"的老板，又怎么做好管理呢？

2. 管住自己的行

慎言慎行，是一体的。所谓"慎行"，古人的解释为："宗庙致敬，不忘亲也。修身慎行，恐辱先也。"慎行，就是谨慎自己的行为和行动，这是一种自我修身的方式。如果一个管理者不谨慎、不检点，就会留下把柄，甚至沦为笑谈。有一些管理者，凭借自己的金钱和权力，常常做一些出格的事情，比如腐败、包二奶、赌博、嫖娼等。这些人，最后都成了"过街老鼠"，遗臭万年。另外一种"行"，就是行动。一名优秀的管理者，一定是珍惜时间，注重效率的行动派。管住自己的"行"，就是让自己的行动高效。

3. 管住自己的心

一个管理者，要有良好的心态。俗话说，小不忍则乱大谋。如果心态不好，就容易做出错误的决策。另外，管住自己的心，就是管住自己的欲望。欲壑难填，欲望越大，人就越危险。有位哲人说："有欲望而无行动的人只能产生瘟疫。"欲望，对于积极正派的人而言，是一味补药；对于自私的、利欲熏心的人而言，是一味毒药。因此，我们要管住自己的心，学会克制和节制。淮南子刘安所言："省事之本，在于节欲。"一个想要成就事业的人，如果不懂得节制，到头来会一事无成。

除此之外，我们还要管住自己的身体。如果一个管理者夜夜笙歌、醉生梦死、挥霍掉自己的健康，就会在管理岗位上力不从心。能够管住自己的人，才能管好别人。

网点员工及相关工作管理

对于一名管理者而言，企业或者网点就是自己的第二个家。企业的财物相当于自己的财物，员工相当于自己的家庭成员。管理者，就是一个大家长，要尽职守则、尽心尽力把这个家庭打理好。世界上没有相同的两片树叶，也没有相同的两个人。在这个大家庭中，每一个家庭成员都有自己的脾气、喜好、性格、特长，如果用同一种方式去对待，可能就有失偏颇。

举个例子：唐僧师徒四人，去西天取经。孙悟空本领高，会七十二变，甚至练就了一副火眼金睛，有降妖除魔的本领；猪八戒，虽然好吃懒做，但是忠心耿耿，而且在"团队"中担任开心果的角色，许多沟通工作，都需要由他完成；沙和尚本领一般，但是任劳任怨，关键时刻也能够挺身而出；唐僧呢，虽然不会武功，也没有降妖除魔的能力，但是却拥有"舍生取义"、顾全大局的境界，因此他就成为他们的师傅，一路西行，取得真经。有人怀疑："如果领导是唐僧这样的人，岂不太优柔寡断、心慈手软了？"笔者认为，一名管理者应该是"慈祥"的，如果是一目横眉、面露凶色，谁还敢跟这样的领导打交道呢？另外，唐僧并非是优柔寡断之人，对待"取经"这件事，他不仅有锲而不舍的精神，而且也常常坚定三个徒弟的信心……因此，才有了历经九九八十一难，取得真经的结果。从这个角度上看，唐僧不仅是一名好师傅，还是一名优秀的组织管理者和团队带头人。

管理大师彼得·德鲁克认为："真正卓越的企业，往往是波澜不惊，枯燥和乏味的。企业更需要沉静的领导，而不是膜拜的偶像。费尽心思调动员工积极性，要求员工保持饱满的激情，恰恰是企业经营缺乏底气的表现，只有建立理性的文化，氛围，只有大胆的剖析企业的长处短处于员工，只有充分发挥员工主观能动性的企业，才有可能不断成功，走向卓越。"事实上，管理者更像是一个组织者和平台搭建者。作为一名银行网点管理者，只需要做好三件事，就可以带好团队，提高员工的执行力。

1.恩威并施，学会用人

一个企业或网点，每一名员工对待工作的态度皆不同。对这些人员工，要恩威并施，更要让合适人做适合的工作。对待有才能或者有特长的员工，不要忽视他，更不要打压他，要尽量给他搭建施展的舞台。对待那些勤劳能干、任劳任怨的员工，管理者更要保护他们，让其利益和形象都不受损害。对待那些"懒惰"的员工，管理者要善用"鞭策"，不要轻易选择惩罚，或者借助"绩效考核"激励他们；对待"刺头"员工，管理者也多做沟通和心理疏导工作，消除他们的误解，从而让他们学会配合，不拖累组织。

2.组织学习，提高能力

组织学习不是漫无目的的，而是要坚持三个方面的学习。第一方面，学习网点管理制度。学习制度，才能让员工认识制度，理解制度，把制度当做工作权限和职业底线。学习制度的目的，就是把制度当成自己的行为规范。有了制度，才能不超纲、不越线；第二方面，学习相关技能。对于银行而言，要组织学习有关金融、沟通、服务、营销等方面的专业知识。知识是通往成功的阶梯，学习专业知识的目的，在于提高自身技能；第三方面，学习日常文件。时代变化很快，学习并研究相关文件，就是为了养成一种"危机意识"，在复杂的情况面前，做出正确的判断。

3. 因势利导，常做沟通

一名管理者，不仅是一名资源分配者。对于员工的分配，要结合员工的特点、特长、性格等方面，进行安排。不管在安排工作还是布置任务的过程中，有一些员工也会出现心理反差，继而影响到自己的工作。因此，管理者还要常常俯下身段、与员工做近距离的沟通工作。沟通，要因势利导，不要带着个人的主观色彩。只有沟通工作做到位了，才能把管理工作安置到位。

网点就像一个家，员工就是这个家里的家庭成员。对于一名管理者，既要有责任感，又要有关怀和耐心，才能把家庭成员管理好。

PART3
管理者的"四种管理"

如果我们把管理看做"敲钉子",管理者就是"敲钉子"的人。对于一个银行网点而言,"敲钉子"是一门学问。它不仅要敲得准,还要敲得妙。新常态下,银行网点主要面临的问题是"奶酪"被抢,服务意识不到位,风险把控不严等。因此,网点管理者要加强"四大管理"的工作。只有这样,才能抢回"奶酪",让网点兴旺起来。

第七章 网点目标经营管理

> 任何一个人、组织都需要有一个目标，不管是短期目标，还是长期目标。目标就是一盏明灯，一个确保工作进展的方向。对于银行网点来讲，引流获客、提升服务质量，都是为了完成目标而做的具体工作。

引流获客

客户是一个企业的生命线，如果失去了客户，就如同一个贫血患者得不到输血一样。因此，想方设法找到获客渠道，发展自己的客户，才能"健康长寿"。传统的银行网点获客渠道，也是传统的获客方式，比如关系营销、顾客主动上门等方式。有个言论很有趣：互联网时代，"关系"不好用了！这句话有两层深意。第一层，互联网让信息透明化，客户选择范围更广阔；第二层，谁的产品、服务更好，顾客选择谁！如果银行网点还把自己当成"大爷"，恐怕以后连"孙子"都做不成了。这是市场决定的，也是时代发展的必然结果。

对于传统网点来讲，引流获客的渠道就是自己的"网点"！举个例子：网点像饭店，饭店的位置、菜品的质量、环境的好坏、服务的水平、价格的高低，直接影响到饭店的生意。因此，有些饭店想办法改善卫生，雇佣高水平的厨师，甚至在菜价方面，也要亲民……只有这样，才有顾客上门消费！还有一些饭店，借助互联网，在一些网站宣传自己，从而扩大影响力。这种方法，也能间接带来客户。再次，就是借助互联网的"外卖"平台进行订餐服务。但是这种方式，只能在市场上"抢食"，很难发展到稳定的、忠诚度高的客户。那么，传统银行网点还要怎么去做呢？

1. "走出去"的战略

举个例子：有一个银行网点，因为位置比较偏僻，办理业务的人群较少，于是银行网点就搬着桌椅板凳，去社区"拉客户"！这种方法，看上去是比较笨的，甚至还要消耗大量的人力物力。但是通过做各种"社区"活动，也能够获得一些中老年客户。这批客户，由于思维观念的问题，更倾向于去银行的实体网点办理业务。

"走出去"的战略，相当于开辟第二"网点"。只不过这个"网点"在其他场所，以活动的形式呈现。如今，许多银行网点都已经"按捺不住"。俗话说，坐以待毙、坐困愁城。等待客户上门，如同"守株待兔"。如果能够主动出击，通过举办活动、沙龙、金融知识讲座等方式，从社会上广泛获取客户，是一种较为快速、直接的方法。

2. "体验化"的战略

许多银行的服务，被广为诟病。社会上流传一句话："去银行网点办理业务，没有半天时间是不行的！"这些被老百姓"拉黑"的银行网点，大多服务质量差，办事效率低，甚至连休息的地方也没有提供，排队现象更是屡见不鲜。笔者还听过，有人还在排队过程中犯心脏病的"悲伤新闻"！

如今，有一些银行网点已经意识到这些问题。他们不仅想办法优化资源配置，还把提高办事效率放在首位。高柜与低柜的划分，智能区与人工区的划分，体验区与服务区的划分……这样的划分，就可以细化服务，提高客户的服务体验。如果一个客户，能够一边喝着咖啡、一边享受着音乐，在惬意中办理业务，他们一定会常常光临此网点。

3. "网络化"的战略

互联网时代下的银行网点，如果不采取"互联网"引流获客手段，那将是一个悲剧。许多年轻人，热衷网上办理各种业务，并不喜欢上门办理。是不是，银行的所有业务，都需要实体办理呢？答案显然是否定的。笔者发现，越来越多的银行网点，有自己的微信公众平台，甚至还有自己的办理网站。互联网便捷、快速、不受区域、时间限制，更是方便了更多职场人，让他们在繁忙之际，就能把相关的银行业务办好。

另外，许多银行有自己的"网络销售团队"！举个例子，南方某工行分理处，有一个名曰"WIN"的网络营销战队。这个战队有6名成员，他们通过论坛、贴吧、微信、QQ等平台，大量获得相关的、潜在客户信息，采用"普及金融知识"的方式，进行"一对一"辅导。客情关系稳定之后，便把这些客户拉入微信群或者QQ群里，再进行相关的营销服务。通过这种方式，这家工行网点新增客户的百分比超过50%，取得了非常好的销售成绩。

引流获客对银行而言，是一个永恒的、绕不开的话题。只要能够做到以客户为上帝，以服务体验为基础，以提升客户增值服务为终身目标，就能够逐渐找到获客渠道，赢得客户信任。

提供服务、解决痛点

讲个故事：有一个饭店叫雨花斋，老板姓吴。吴老板是穷苦人出身，年少时期有饿肚子的经历。每当他看到那些吃不上饭的人流落街头，便忍不住想帮衬他们一把。

后来，吴老板找到饭店所在地街道办，对六十五岁以上、生活贫困的五保户进行统计。他做出了一件令所有人佩服的事：给这些老人，每周发放一次免费就餐卡。凭卡，就可以在雨花斋免费领取一份价值19.9元的营养套餐。事实上，符合条件的老人并不是很多，一个月下来，吴老板也仅仅支出几千元钱。但是对于一个普通饭店而言，几千元又是一笔不菲地支出。

吴老板的雨花斋坚持数年，许多贫困老人都因此受益。街道办亲自制作了一面锦旗，上面写道：慈善雨花斋，救恩吴老板。吴老板的这份爱心，也为他招揽了大量生意。事实上，雨花斋的做法，宣传效果堪比多媒体广告。大家都知道雨花斋帮助人、搞慈善，甚至有些人驱车赶往雨花斋，就是为了一睹雨花斋的"芳容"，尝一尝雨花斋的美食。

服务是营销之本！如果没有服务作为载体，营销就失去了灵魂。如今，许多银行网点意识到这个问题，在做大、做强营销的同时，也在不断提高服务质量。笔者记得有这么一家银行，在所提供的硬件细节方面，就特别细心。比如，该银行每一个高柜柜台上面，都有一个流动显示屏，上面不断滚动着各种防诈骗信息。人们在办理业务的时候，就可以通过流动显示屏掌握一些防止金融诈骗的知识。另外，这家银行网点所提供的休息区，也是经过精心设计的。不仅有供老年人休息的沙发，还有隔离出来的"吸烟区"。在业务办理区，银行还提供了老花镜、急救箱、糖果等用品，以方便不同人使用。借助这些人性化的细节设置，许多人宁可多走几步来这里办理业务，也不会就近选择银行网点。翻译大师傅雷有过一句名言："一个人对人民的服务不一定要站在大会上讲演或是作什麼惊天动地的大事业，随时随地，点点滴滴地把自己知道的、想到的告诉人家，无形中就是替国家播种、垦植。"服务是一种方法，一种能量，一种智慧。服务是一种最简单、快速、直接、有效的经营手段。送人玫瑰、手留余香，同样是一种无私服务的境界。因此，为客户解决痛点，提供良好的服务，是银行网点的一项重要管理工作。

1. 提高客户体验

如今，人们不仅注重产品和服务，更重视相关体验。因此，许多银行都配备了饮水机、纸杯这样的设备，还有一些银行专门开辟一条"老年服务通道"。当然，更有银行直接与连锁咖啡公司合作，为客户提供咖啡服务。针对广大手机用户，银行也提供无线WIFI，方便手机用户在等待办理业务的期间，可以上网休息。一个小小的细节，就可以大大提升客户的体验，满足客户的相关需求……对于银行网点来讲，这只是举手之劳。

2. 用心对待客户

过去，许多银行人员把客户当做普通人，对待客户的态度也是不冷不热、爱答不理。有句话是这么讲：银行网点是银行的窗口和门面。如果用一种不礼貌的态度去工作，必然会将客户"吓"跑。现在，许多银行在文明服务上有了一定的要求，并健全了"客户投诉机制"。员工被客户投诉，可不是一件光荣的事情。还有一些银行，有针对"服务意识"的相关培训。员工养成了"服务意识"，就会"急客户之所急、想客户之所想"，继而提高服务水平。用心服务客户，客户也会用心回馈这种服务。

3. 提高服务效率

效率低下，是银行网点常被诟病的一个方面。前面我们讲过，有人因排长队触发心脏病，这种事对一个银行网点的口碑和声誉是致命打击。因此，许多银行网点力行改革，通过增设大堂服务人员和相关自主设备，来提升服务效率。某银行行长认为："高峰期，能够实现客户的有效分流，是提高网点服务质量的重要方式。"

有这么一句名言："顾客后还有顾客，服务的开始才是销售的开始。"只要把服务做到位，才能实现网点的奋斗目标。

提升销售目标

俗话说，没有目标的人生是悲哀的！一个人，没有人生目标，就会像浮萍一般明明灭灭、随波逐流。一个企业、一个银行，同样也需要经营目标。只有设定目标，才能有工作的动力和奋斗的方向。对于一个银行网点来讲，有两个目标。第一个目标是上级部门布置的任务指标，这个目标更像是命令，是必须要完成的；第二个目标是自己部门设定的指标，通常来讲，这个指标比上级部门布置的任务指标还要高一点。针对这个目标，银行网点也有相应的目标管理。

什么是目标管理呢？管理大师彼得·德鲁克认为："先有目标才能确定工作。企业的使命和任务，必须转化为目标。"因此，这就要求管理者在管理过程中，要始终坚持以人为中心，以结果为导向，将岗位与考核目标挂钩，形成一种"责任制"。只有这样，才能确保目标完成。当然，这仅仅只是完成销售目标，并不能提升销售目标。若要在此基础上精益求精，更上一层楼，还要借助一定的方法和手段。

1. 树立目标意识

据相关调查统计，27%的社会底层没有目标；60%的社会普通阶层只有模糊目标；10%的社会中上层有较为清晰的短期目标；3%的社会精英有非常清晰的长远目标。所以说，目标有多远，人生之路就有多长。因此，在一个组织里，管理者想要实现组织目标，就必须树立并强化目标意识。树立目标意识，同样需要管理者做好三个工作。

（1）营造积极的工作氛围，让员工始终保持健康良好的工作心态。心态好，才能更好地准备工作。

（2）布置任务过程中，要反复强调"目标"的重要性，让他们养成完成目标的工作习惯。

（3）借助企业文化进行熏陶，或者对员工进行与"目标管理"相关的培训，通过培训建立目标意识。

只有有了目标意识，才会在工作中不由自主地朝着目标发力。另外，有目标意识的人，也能够克服工作中的困难，确保工作质量。

2. 科学设定目标

目标不是随口而出的，它需要进行科学论证，既要可行，又要具备挑战性。所以，许多企业组织都在用"SMART"原则进行科学的目标设定。科学设定目标还有三大意义。

（1）推动性。目标就是工作的动力，没有目标作为前提，工作就会缺乏动力，员工就会产生惰性。

（2）工作价值。目标是一个矢量，具有可丈量的作用。一个人完成怎样的目标，就是实现多大的价值。

（3）明确方向。有一句笑话：没有目标的人生，容易跑偏。所谓"跑偏"，就是误入歧途。目标，就是一盏导航灯！处于迷茫期的人，只要能够看到导航灯，就能够再次找到前行的方向。

有了明确的目标，合理的目标，还需要将目标任务化、责任化，并将目标进行层层分解，落实到具体人头。只有这样，才能起到效果。

3. 建立绩效考核

业绩考核，其实是一种"激励机制"。借助这种科学的考评方式，才能确保执行力。如今，绝大多数的企业、银行都有自己的绩效考核方法，绩效考核也会与员工的绩效工资、奖金、待遇、职称等挂钩。举个例子：某企业员工工资由三部分组成。第一部分是岗位工资，这个工资是"恒量"，是固定不变的；第二部分是绩效工资，这个工资是"变量"，只有在完成任务的前提下，才能拿到100%的绩效工资；第三部分是浮动工资，这个工资也是"变量"，只有在超额完成任务的前提下，才有浮动奖励。通过这种考核方法，不仅激发了员工的干劲，而且还拉开了收入差距。有的员工月收入过万，有的员工则几千元。另外，绩效考核指标还能够反映出一个员工的能力值和贡献值。这两个指标，也是企业提拔、任命干部的重要依据。

爱因斯坦说过一句话："在一个崇高的目标支持下，不停地工作，即使慢，也一定会获得成功。"适当提高工作目标，或许还能创造更大奇迹！

分演好自己的"角色"。知识技能不到位，无法正面或者正确解答客户的提问……恐怕就会失去这个客户。专业技能到位了，才能更好地服务客户。

3. 对网点业务的需求

举个例子：有一个客户，因为自己的电子银行账户的问题，就近选择了一家银行网点去处理。等他排了半天队，得到的结果是：该网点无法办理电子银行业务，并建议他去总网点办理相关业务。这名客户又急又气，甚至当众销掉了该银行的账户。银行网点虽然不能与总行进行比较，但是"麻雀虽小、五脏俱全"，该有的业务一定要有，该有的产品也一定要丰富。当下，许多银行都力求为客户提供"一站式"服务。如果在新常态下，依旧无法做出转变，恐怕就会被市场所淘汰。

4. 对网点环境的需求

环境是水，服务是舟。舟是好的，但是水是"臭"的，坐在船上的人又会是怎样的一副心情呢？因此，银行网点要把环境做好，比如卫生情况、休息区的安置、空调的设置、无线WIFI的设置，抑或提供一杯矿泉水、一份报纸，一个可以休闲的电视等。环境质量提高了，如同给"水"做一次净化。只有这样，坐在船上的人，才能高兴。

5. 对网点效率的需求

排长队的现象，似乎是一种常见现象。这个现象总会给人一种假象，误以为生意很好，产品很卖座……但是对于银行网点而言，这是一种效率弊病。办事效率低，资源得不到优化，甚至有一些资源还在闲置，工作人员却早已经忙得要死。因此，银行要对服务进行精细化分类，重新调配资源功能，或者增设服务区提高网点的办事效率，为客户节省时间。珍惜客户时间的银行网点，才是真正的重视客户。

满足客户的需求，只是银行经营的一个基础方面。如果细细分类，或许客户对银行的需求还不止如此。因此，只有达成客户诉求，解决客户痛点，才能提升网点的竞争力。

实现银行四大职能

每个人，都有自己的责任和使命，甚至还有一个名为"一条狗的使命"的电影，只是这种"使命"与人类活动并无交集。银行是人类社会的一个重要符号和组织，它的职能与人的社会活动、家庭活动息息相关。商业银行的定义是什么呢？就是以经营工商业存贷款为主要业务的金融企业法人。商业银行网点，就是为了方便企业、居民等办理业务，而出现的银行分支机构。或许银行网点很小，小到只有一个房子、几个人，但是其职能与数百人的大银行是一致的。不能因为小，而砍掉一部分职能；更不能因为小，就不负责任地懈怠客户。

讲个故事：古代时期，有一个小国。这个小国成立了一个"官办造办处"，专门负责皇宫里的吃穿住用摆设等的一切物资，而且这些物资只能

"特供"，不得流入民间。负责这个"造办处"的人姓王，人称王总管。

小小造办处，权力非常大。造办处下设的作坊，都想尽方法巴结他，希望他能够睁一只眼、闭一只眼，从里面赚点好处。当然，这个王总管脑子非常灵活，对待自己的属下，也算比较仁慈。他对下面人说："只要不让材料流传到民间，在不增加预算的情况下，小心为之！"因此，下面作坊的人，手就松了，经常把一些所谓的"边角料"带回家里。久而久之，造办处下设的个别作坊，不仅为皇宫里的人造物件，甚至还公开做起了生意，用皇宫里的材料生产民间的物品。

后来，这事被人举报，王总管被打入天牢。审官问王总管："你心里还有天子，还有王法吗？难道连造办处的规矩都不知道了？"王总管这才恍然大悟，自己所谓的"仁慈"与"宽容"，害了自己还有那些私自做生意的作坊。

故事中的这个人，相当于某银行网点的行长，而下面作坊里的人，相当于银行网点的员工。他们之所以犯下重罪，就是忽略了"造办处"的真正职能。当然，银行网点只是一个民间机构，也没有严苛的"王法"管制着它。但是只有充分体现自己的职能，才能对客户、上级有所交代。因此，实现银行的"四大职能"才是银行管理人员应该做的。

1. 信用中介职能

信用中介，就是商业银行的另外一个称谓。作为一个存款、放款的机构，它是以国家信用为中介，从而实现货币资本的融通。换句话说，银行并没有改变货币资本的所有权，只是变更了使用权而已。这种中介职能，更像是一种"调和剂"，它能够将社会闲散资本汇集起来，然后再投向其他经济部门。这个职能，看上去是一个"高大上"的职能，事实上，只是商业银行网点的基础职能之一。与客户建立良好的关系，积极发展客户，才能够找到社会闲散资本资源，从而完成这个使命。

2. 支付中介职能

银行还有一个称号，叫"金钱管家"。简单来说，客户把钱委托给银行管理，银行从某种程度上就成了客户的"大管家"，然后还为其提供储蓄、增值、代理支付等服务。另外，银行还提供各种支票、汇票等支付媒介，减少了现金使用，继而加速了资金流通与周转。如今，以互联网为依托的民间支付中介也在迅速发展。如果商业银行抓不住这个有利时机，就会被时代淘汰。

3. 信用创造职能

俗话说，一言既出、驷马难追，是一种信用；季布一诺千金，也是一种信用；答应客户的事情一定要办好，更是一种信用。商业银行既然充当了"信用"中介，必然也要为"信用"创造价值。商业银行还需要广泛吸纳社会存款，资金储量越大，作用也就越明显。因此，商业银行网点，作为其中的一个"吸金点"和"信用创造单位"，要加速"流通工具"的创造，满足社会货币的供应量。

4. 金融服务职能

金融服务职能是商业银行为了适应时代的发展和客户的需求，而创立的新业务。这个业务，就是为客户提供比如信息咨询、财务管理、融资、信托、代收代付等服务。这些服务，是一种"惠民"服务，同样也是一种为银行利润带来倍增的一项服务。

另外，商业银行还要调节经济结构的作用！不管如何，只有让银行网点发挥职能作用，才能真正体现其价值。否则，就像那个不称职的"造办处"，最后成了一个官办摆设而已。

第九章　网点价值经营管理

直接一点说，银行网点就是一个"销售窗口"，基础工作就是卖产品、提供相关服务。因此，只有用心了解客户的需求，制造客户需求的产品，寻找到合适的销售突破口，将需求转化为销售指标，才能体现银行网点的价值。

用心了解客户需求

讲个故事：一对情侣来到一个咖啡馆，准备喝杯咖啡休息一下。服务员将菜单递给女士，这位女士想要喝一杯价值26美元的蓝山咖啡，然后向自己的男朋友征求意见。这位男士既心疼，但又无可奈何。服务员见此局面，便开口道："先生，我们这里的咖啡是可以无限续杯的！如果你觉得可以，我可以拿两只杯子给你！"这位男士一听，紧皱地眉头便一下子舒展开了。在这位男士看来，这位服务员不仅给足了他面子，而且还帮他省了钱。

无独有偶，一对夫妻去一个陶瓷用品店购物。女主人看上一套价值不菲的陶瓷餐具。男主人劝女主人："这么贵，别买了！咱们还是买便宜的吧！"但是女主人坚持要买，甚至吩咐导购员将陶瓷餐具包装好。这位男主人也是左右为难，骑虎难下。此时，导购员小声对男主人说："这么贵的餐具，一定由你夫人亲自洗，她肯定不会让你上手的。"一听这话，男主人高兴坏了。甚至一下子大方起来，直接掏钱买了两套。

这是一种"销售"魔力，只要能够用心揣摩客户的需求，就能够将产品卖出去。营销大师科特勒认为："营销的宗旨就是发现并满足需求。"后来，他还在此基础上进行补充道："营销是关于企业如何发现、创造和交付价值以满足一定目标市场的需求，同时获取利润的科学和艺术。"另外一位营销专家特德·莱维特则认为："人们买的不是东西，而是他们的期望。"事实上，只要人们产生需求，就会想方设法达成所愿。客户是企业或银行的血液和生命，那么客户的需求相当于企业或银行的"造血系统"。只有能够抓住并将客户需求转化为销售，才能为组织创造价值。那么如何才能了解到客户的需求呢？笔者认为，需要借助提问和聆听两种方式。

1. 提问

举个例子，一个病人来医院看病，大夫通常都会询问病人的感受，来初步判断病人的病症。如果一个医生，瞪着一双大眼睛盯着病人，病人或许被医生的怪异行为搞懵掉了。因此，我们要借助提问的方式，进行一步一步地引导，从而找到客户需求。提问并不是随意而为，还是要选准角度和方式。用恰当合理的方法，才能让提问奏效。

首先，要站在客户的角度上提问题。比如，我们能够为你做些什么？这样的提问，不仅有礼貌，而且不会让客户感到反感。客户来到银行网点，恰恰也是有事要办。因此，客户便借着这个问题，说出自己的需求。还有一种角度是一种客观中立的角度，也可以借助权威的观点去提问。这种提问，是一种带有影响力的提问，有时还可以转变客户的观点和需求。

其次，提问的方式也有两种。第一种是开放式提问。这种提问，是一种开门见山式的提问。比如，你有什么需求？为什么要选择这一种产品？事实上，直抒胸臆、坦诚相待的提问，会让客户更加喜欢；反倒是那些云山雾绕、不知所云的问题，总会给人一种"忽悠"的感觉。第二种是限制式提问。这种提问，会给客户缩小选择范围，让客户在为数几个选项内做出选择，给出答案。这种提问法，可以更加精算地锁定客户的需求。

2. 聆听

思想家伏尔泰认为："聆听是通往心灵的路。"还有一句话是这样说："上帝赐给人们一张嘴巴、两只耳朵，就是告诫人们，多听少讲！"聆听，同样也是一种沟通，一种获取客户需求的方式。洗耳恭听，就是做好准备听别人讲话。对于一些客户而言，他们找上门，就是为了寻求帮助。有时候，他们会主动向你表达出来。举个例子：客户来银行网点办理相关业务，当你对他敞开怀抱、报以微笑，准备聆听的时候，他就会对你讲："我想开通电子银行业务，能否给我办理一下？"需要提醒的是，聆听是一种沟通或者获取对方需求信息的重要方式，不仅要掌握一定的技巧，还要用心去聆听，用心去感悟。只有这样，才能发现并找到客户的真实需求，达成客户所愿。

管理大师彼得·德鲁克说过一句话："公司的成功不取决于生产，而取决于客户。"只有找到客户需求，帮助客户实现心愿，才能让"造血器官"不停地为组织造血，从而实现经营目标。

制造客户需求产品

有个企业家认为："一个企业的使命，不是无限地扩大商业帝国版图，而是不断地为客户创造满意产品！"只有满足了客户的需求，才能不断为企业造血。过去，许多企业就是吃了产品研发的亏，总指望借助一个产品打天下，而这么做是完全不行的。山西有一家煤炭企业，过去主要生产煤炭。90年代末，煤炭价格严重缩水，需求量锐减，该企业一度濒临破产。后来，这家企业的老板痛定思痛，决定转型。其实，转型就是从产品研发开始的。这家煤炭公司走上了产业转型升级之路后，产品种类多了，市场前景也开阔了。这家公司由一个普通的煤炭公司转型升级成为煤化工企业，产品种类也有原来的几种变为现在的150余种产品，年销售额更是翻了50倍。再比如，世界上著名的科技公司，苹果公司和三星公司，他们的成功，同样得益于产品。

讲个故事：南方有一个茶厂，该茶厂的老板姓梁。这个梁老板本身就是一个做传统茶的高手，曾经获得过多次"茶王比赛"的冠军。梁老板做茶技艺高超，许多人慕名而来，购买梁老板的茶。

有一年，几个北方客人来梁老板这里做客。梁老板拿出一款"茶王"级别的红茶招待他们。他们喝过之后，不禁赞叹梁老板的手艺。但是这几个北方人提出一个建议："梁老板，茶是好茶，就是外形不是很好看！"

梁老板把这句话记在了心里，回头便开始研究，如何提高茶叶的外形和观感呢？他采用了好几种方法进行测试，最后找到了一种方法：用红茶茶尖做一款红茶。没想到，功夫不负有心人。一款形如弯眉、身挂黑金色绒毛的红茶问世了。梁老板拿着这款茶，再次招待两位北方客人时，两位北方客人见到这款茶，颇为惊讶，品尝过后，更是竖起了大拇指。后来，这两位北方客人成了梁老板的合作伙伴，并以梁老板的名字取名一款红茶。

梁老板在这件事上尝到了甜头，后来他不断研发，又推出了适合不同消费者的几种高端红茶。梁老板不仅赚到了钱，而且还赢得了市场，成了茶叶界学习的典范。

对于银行网点而言，发掘客户需求，制造客户需求的产品和服务，也是一件非常重要的任务。简单举个例子：一名客户有综合理财的需求，银行网点就要想尽一切办法，推出这样的服务。那么，如何才能制造出适合客户需求的产品和服务呢？笔者认为，有三步要走。

1. 搜集客户需求

许多企业组织，都非常重视搜集资料、整理资料的工作。还有一些企业，通过学习ISO9001管理体系，掌握了一些搜集客户需求信息的一些方法。比如定期向客户发征求意见书，了解客户需求。还有一些银行，通过高柜或者组合窗口进行相关询问，获得相关信息。搜集客户需求的目的，主要有以下四个。

（1）把握市场行情走势，切准市场脉搏，找到市场突破口。

（2）找到客户需求，确保产品研发方向与客户需求相一致。

（3）找到卖点，实现产品创新与升级，从而确保产品的市场竞争力。

（4）打通与客户的沟通渠道，借助客户"需求的力量"，对产品相关部门、资源进行整合。

2. 将搜集信息进行整理

并不是所有的信息都是有价值的，有的客户的需求，或许超出"市场"

匹配度，就像一个人想要买一架飞机上火星……对于这样的需求，企业组织完全可以忽略掉。对于一些相似度高、有市场匹配价值的信息，我们就应该重视起来。比如有三分之二的人提到"体验性"的问题，那么就应该在"服务体验"上多做文章；如果有许多人都提到"账户安全管理"的问题，那么我们就应该在"安全升级"方面多做工作。

3. 将需求信息转化为产品

这一步工作是最重要的，因为研发会牵扯到大量的人力、物力，更需要整个团队的配合，充分发挥团队的智慧和作用力。对于银行网点而言，行长作为团队带头人，更要起到团队带头作用。不仅要做好资源整合工作，还要大胆授权，善用激励，用实际行动支持银行员工搞产品和服务研发。新产品上市之前，还要经过大量论证和评估，只有在符合市场需求和客户需求的基础上，才能推广上市。这是对客户的负责，更是对"创新"的一种尊重。

客户的需求和产品的研发，是一个企业或银行发展的动力。事实上，客户需求与产品研发互为因果，是相互关联的一件事！因此，我们要重视客户需求，更要重视相关产品的研发。只有这样，企业或银行才能长盛不衰！

寻找客户接触入口

　　如今，银行之间的竞争越来越激烈。这种竞争，在各个网点之间就已经展开了。银行网点的经营者们常常感叹："如何才能找到客户，赢得客户的信任呢？"许多人一直在思考这个问题，面对熙熙攘攘的人群，抑或这些潜在的客户，却无法把他们领进门……似乎真的是一件非常痛苦的事情。许多银行网点，为了吸引客户，先是提升了服务质量，而后改善了网点营业大厅的服务环境……即使如此，有时候也难以寻找到客户接触的突破口。

　　讲个故事：有一个烧陶瓷的工匠，他的工艺水平不错，但是碍于市场开拓问题，久不见客户上门买陶瓷。因为生意冷淡，这个烧陶瓷的人打算放弃陶瓷事业，外出打工。

　　这个工匠有一个儿子，大学毕业后他从大都市回到乡下，打算继承父业，烧制陶瓷。得知父亲想要外出打工的消息，儿子非常不解。儿子问，为什么出去打工？这个人解释道："没有客户上门，即使有客户上门，也只是看一眼，没有购买的心思！"经过一番沟通与了解，工匠的儿子发现，自己的父亲之所以卖不出陶瓷，关键在于没有找到客户需求的那个"点"！于是，他带着一些陶瓷，来到某城市的夜市上去贩卖。

　　陶瓷质量好，而且釉色均匀、甚至温润，完全是市场上的优等品。夜市上，许多游客看到后，都纷纷驻足，询问价格。其中有一个人，驻足很久，一直与工匠儿子探讨烧瓷工艺。工匠儿子也将自己对陶瓷的理解和认识，讲给这个人听。经过一段时间的交流与交往，这个人便提出一个要求：打算去工匠的窑口亲自看一看。工匠儿子认为，突破口似乎打开了！于是一口答应了这个人的请求。

这个人参观了工匠的窑口，甚至掩不住对工匠工艺的夸奖。因为工匠儿子的诚实和诚意，这个人决定定制一批陶瓷。后来，工匠才得知，此人是国内有名的茶商，全国有数百家连锁经营店。销路打开了，工匠的窑口恢复了生产。工匠的儿子则越做越有信心，甚至把陶瓷卖到了邻国日本。

俗话说，只有不会做生意的人，没有卖不出去的商品。对于银行而言，所有的银行产品和相关服务，都是有市场需求的。对于银行工作人员来讲，寻找到销售突破口，才是最重要的。笔者认为，寻找销售突破口，需要做好一下三个方面的工作。

1. 交流平台的搭建

交流平台，就是一个能够让客户坐下来，与之开诚布公洽谈需求的一个"场所"。这个"场所"可能是实体的，也可能是虚拟的。客户虽然有需求，但是有需求并不意味着成交。如果客户不信任你，就不会对你的产品和服务感兴趣。搭建交流平台的目的，就是为了与客户建立良好的互通关系。在倾听客户需求之余，及时提供相关产品的资讯。切忌，强买强卖是行不通的。任何交流，都要建立在公平、尊重的基础之上。只有建立了信任关系，销售关系才能逐渐建立起来。

2. 服务流程的简化

笔者曾经听到一位客户的抱怨："简简单单的一个业务，三天都没有办完！以后，我不会再这家银行办理业务了！"现实中，许多银行网点的业务办理，都存在低效现象。提高办事效率，简化服务流程，为客户节省时间……这种做法，将会大大缓解客户的"等待"压力，让客户愿意将业务交给你去办理。笔者也极其反感办理业务拖泥带水、浪费时间的行为，甚至会直接委托办理业务。如果服务流程能够简化，提高服务效率，也将大大提升银行网点的形象，从而吸引更多客户上门。

3. 客情关系的维护

俗话讲，买卖不成仁义在。笔者发现，许多银行客户经理，会定期给潜在客户发送一些金融方面的短信，甚至在节假日，还会给他们发送喜庆祝贺短信。许多人，在暂时没有需求的情况下，也会感激银行客户经理的这种行为，并认为："这位银行人员的人品真好！"如果这位客户产生了相关需求，就会马上想起银行的这位工作人员，并与之联系！客情关系，是一种促成交易和保证交易的一层重要关系。如果能够长期维护好这种关系，就能够找到销售突破口，将产品卖给客户。

另外，与客户接触交流过程中，也要注意一些方式方法。对待不同性格的客户，要采取不同的沟通交流方式。只要沟通工作、服务工作做到位，就能打破僵局，寻找到销售突破口。

第十章　网点防控经营管理

> 许多危机，都是疏于防范造成的，比如洪水泛滥、官员贪腐等，有自然因素，也有人为因素。但是只要以前做好防控工作，就可以将此类风险降到最低。

控制三大风险

万事都有风险，就像一个人，从出生到死亡，也要经历各种疾病的考验。有时候，风险是不可避免的，只能竭尽所能降低风险概率。举个例子：某企业为了控制风险，出台"风险控制制度"，由企业专门负责"安全"的安全管理员负责，比如定期对生产设备进行检修、维护，定期对各种潜在隐患进行检查，尽量将风险控制在最低。即使如此，还有一些不可抗拒的因素是无法预防的，比如自然灾害。对于银行来说，所遭遇的风险，更多是与金融相关的风险。通常来讲，银行面临三大风险，这三大风险分别是流动性风险、信用风险和操作风险。

什么是流动性风险呢？这种风险是银行虽然有一定的清偿能力，但是却没有足够的资金来应对资产增长或者无法支付到期债务所引发的危机。这种风险最大的特点，就是资不抵债。流动性风险是如何引发的呢？简单打个比方，如果一个银行放贷总额严重超出存款总额，就会造成资金上的短缺，就形成一种"供需矛盾"。久而久之，这种矛盾逐渐恶化，就会导致银行利益和声誉上的受损。事实上，流动性风险指数反映出一个银行或者一个银行网点的经营状况。什么是信用风险呢？简单讲，信用风险就是一种违约风险。举个例子，有一些贷款户，常常因为经营问题而无法偿还银行贷款；还有一些贷款户，拒绝还款，或者直接跑路，将银行贷款彻底变为死账坏账。信用风险，最近几年发生率比较高，甚至许多银行网点因为呆死账、坏账等问题，经营困难，背负上了破产压力。什么是操作风险呢？操作风险有人为因素，也有非人为因素。人为因素包括操作失误、钻法律空子、监守自盗、诈骗、黑客入侵等；非人为因素有地震、电力中断、水灾、火灾、台风等。除了非人为因素外，人为因素是引发操作风险的主要因素。如何才能将银行三大风险控制到最低水平呢？

1. 提高风险管理意识

意识的养成与习惯的养成是一样的，这种意识可能非天生具有，但需要后天培养。对于一个银行网点而言，有两个工作需要去做。第一个工作，加强风险管理意识的相关培训，通过培训，让员工认识并理解三大风险，以及三大风险对银行的危害。第二个工作，要加大风险管理的宣传力度。笔者发现，许多商业银行网点都定期做相关宣传工作，有的通过制作红色条幅或者宣传广告牌，来提醒银行员工，正确认识并防控三个风险。如果做好这两个工作，风险意识就能在银行员工的大脑中形成，继而形成一种习惯。

2. 建立风险预防机制

举个例子，有一个水电站，到了夏季洪水泛滥，水位猛涨，就会对水电站的坝体产生巨大的破坏力。但是只要水位达到警戒线，水电站就会报警，并提醒工作人员进行开闸放洪。商业银行网点建立风险预防机制的目的，与水电站防洪泄洪调节水位的目的，是一样的。对于银行流动性风险，要建立流动性日常监控机制，加强日常监控，借助指标和先进的防控经验，对流动性风险进行干预；对于银行信用风险，应该加大"授信"方面的筛查，或者定期对客户的信用度进行评估，从而防止"违约"产生；对于操作风险，要不断完善内控制度，对相关人员进行终身责任制考核，不仅要长期约束人的行为，更要从操作方面进行严苛管理与监控。

3. 打造风险管理团队

就像一个企业，有经营管理部门，也就有对应的纪律检查部门。纪检的意义，就是时刻提醒、约束人的道德行为。因此，我们常常看到，"大老虎"纷纷落马，更多贪腐的"蛀虫"被纪检部门一只一只拔了出来。银行对三大风险的重视程度也越来越高，许多网点都开始筹建自己的风险管理团队。风险管理团队既是管理团队，又是执行团队，只有做到对上监督与对下控制相结合，才能形成强大的监控能力，从而降低三大风险的发生。

前美联储主席格林斯潘认为："银行的基本职能是预测、承担和管理风险。"如果我们不能把风险降低，就有可能遭受致命打击。

预防合规风险

除了三大风险之外，还有一种风险不可忽视，这种风险叫"合规风险"。什么是"合规风险"呢？简单来说，就是银行经营不按规矩"出牌"，有可能引起相关部门惩处或者造成银行重大经济损失的风险。就像一个人，如果没有遵纪守法，而是恣意妄为、突破底线、践踏法律，就会成为一名罪犯。合规风险的破坏力堪比"台风"，必须要将这种风险扼杀在摇篮里，才能让银行发展有条不紊。有一个银行行长认为："预防合规风险，是除银行经营工作之外的第二重点。如果触及法律，就会为银行带来灭顶之灾。"

对于一个银行而言，"合规"是经营底线。在美国，有一个著名的"萨班斯法案"，这个法案对美国的上市公司提供与合规相关的法律约束要求，这也让美国的上市公司纷纷加大"风险防控"力度，力求让自己的经营合法。中国目前还没有自己的"萨班斯法案"，但是银监会也有一些关于银行风险控制的一些要求和规定。如果银行经营不合法，也将会面临严重的处罚。就像家长对孩子常说的那句话："要遵纪守法，不要惹是生非！"合规的要求，不仅仅只是遵纪守法。还要求银行要有合规管理制度、合规审查和检查、合规报告、合规考核、合规文化建设、反洗钱、监管配合、合规问责等。另外，合规管理还要坚持三个维度。第一、要坚守国家的法律法规，这是基础；第二、要坚持行业规则，这是义务；第三，要坚持职业道德规范，这是责任。坚持三个维度管理，可以从根本上防止合规风险的发生。当然，这仅仅只是一个方面。造成合规风险的最重要原因，是另外两个。第一个是缺乏相关的制度，第二个是缺乏合规文化的建设。

1. 健全内控制度

讲个故事：有一个跨国公司，为了降低生产成本，在东南亚某国开设了一个工厂。工厂开业一年，经营效益与预想差距很大。分析原因，最后找出，这家分公司盗窃现象屡禁不止。有人对公司老板建议："杀一儆百，就能起到作用！"由于东南亚生活水平低，人们的法律意识也比较淡薄，"杀一儆百"的办法也解决不了长远的问题。后来，这家公司的一个法律顾问提出一个"举报奖励"的方法。这个方法推出之后，偷盗现象竟然神奇般地减少了。后来，这位法律顾问建议公司老板拟定一套奖励处罚方案。这套方案推出之后，许多人担心盗窃被举报，就忍着不去犯错……久而久之，这些员工就慢慢改掉了盗窃的习惯。通过这个方法，该公司在东南亚的业务开展得非常好。

建立并完善内控管理制度，是银行网点防止合规风险、实现合法经营的最重要的方式。笔者发现，如今绝大多数商业银行网点，是非常重视内控管理的。以浙江省中行为例，几乎每一家银行网点都有长期关于内控管理人员的培养和相关制度的培训和学习。除了建立内控制度外，还要建立一个内控机制和风险评估体系。许多人知道风险，但是风险系数有多少，对银行的危害有多大，就不得而知了。如果我们知道合规风险的风险系数，破坏威力，想必就会望而生畏，坚持合规管理不动摇。

2. 加大合规文化建设

事实上，一个有文化、有修养的君子，即使不受法律约束，他也不会跨越雷池半步。对于一个企业或者银行而言，如果有深厚的文化作为基础，相关风险也会随之减少。一位企业家认为："文化不是死板的，而是处于动态的。

企业建设文化，如同打出一汪清泉。"笔者认为，文化建设的核心，在于文化的传播与交流。银行管理者以及内控管理人员要常常与员工交流经验和心得，借助平台和沟通，将合规文化传递给每一名员工。这种"传播"，如同"播种"，就是让合规文化的种子扎根于银行全体员工的意识之中。有了合规意识，才能让合规文化长成参天大树，从而发挥预防合规风险的作用。

商业银行内部有这样一句话："转型决定生存，风险决定取舍，合规决定未来。"由此可见，只有合规合法，才能守住底线，慢慢成长。

杜绝道德风险

讲个故事：有一个贸易公司，订单一直不断。后来，这家公司又接到一个海外订单，如果能够完成这个订单，可以赚到一百多万欧元。贸易公司的老板交代员工，一定要抓好产品质量关，千万不要把生意搞砸了。

但是风云突变，意大利遭受欧债危机，该海外客户也遭受了严重的冲击。意大利客户派人洽谈，希望在价格方面，让中方公司做出一些让步。贸易公司老板非常上火，认为意大利人完全不懂规矩，在签订合同的情况下"违约"，完全是道德问题。但是外贸产品已经生产，已经没有退路可言。此时，有一位副总向老板建议："后面的生产，可以适当降低标准，在成本方面做做文章。"

俗话说，上有政策、下有对策。羊毛出在羊身上，这种"成本"理应转嫁到客户身上。但是贸易公司的老板并没有这么做，他向员工强调："把诚信放到首位，一直是我们公司的传统。我们不要在意客户的态度，我们只需要坚持自己，做好自己，不要给中国人丢脸！"因此，这家贸易公司始终坚持高标准、严要求，坚守贸易法则，将高质量的产品交到了客户手里。这笔订单，原本可以赚一百万，由于客户的问题，最后竟然赔了十多万欧元。

一年之后，这个客户似乎恢复了"元气"，再次向这个贸易公司下订单，并再三保证，绝不会像上一次那样不遵守承诺。凭借这笔订单，这家贸易公司不仅赚了五十万欧元，而且还彻底征服了这个意大利客户。

诚信就是一种良好的道德体现！如果人人不讲诚信，不遵守法律法规，不按照"套路"出牌，那么将会导致严重的问题。轻则自身受到损害，重则影响到社会经济秩序。道德危机是怎么产生呢？笔者认为，有四个原因。第一、契约精神，有时候仅仅是一种"精神"，并没有严格写进法律条文中，这就容易让人或者组织钻法律的空子，通过背离契约，获得不义之财。当然，有些企业不尊重"契约"，完全是时代造成的。第二、漠视契约，把契约当成一纸空文，甚至法律观念淡薄。第三、面对激烈竞争或者恶劣的生存环境，常常"饥不择食"，背离道德底线，比如搞垄断、低价倾销，或者商业银行背弃"信用"，对贷款户进行强行收缩等。第四、环境因素。比如新常态下，许多企业、银行都在面临转型，在这种命运抉择的关键时期，容易道德出轨。因此，只有建立防范机制，才能防止道德风险。因此，商业银行的管理者，需要做好三件事。

1. 建立信用体系

商业银行是一个"靠信用"生存的组织，如果没有了信用，也就失去了应有作用。因此，商业银行管理者要把建立"信用体系"放在首位。"信用体系"的建立有两大作用。第一个作用，可以形成一种作用力直接对抗道德风险，并且把道德风险扼杀在摇篮里；第二个作用，形成一种意识形态，从而影响到管理者、执行者和参与者的工作行为，最大限度防止道德危机的产生。"信用体系"就是管理制度，是一条"线"。只要触及这条"线"，就要进行严惩。

2. 提高风险意识

举个例子，日本是一个多地震国家，因此有针对地震的应急预案和科学的处理方式；另外，日本从小学教育开始，就向学生进行地震危机意识和自我救援意识的灌输。意识的养成，需要时间，更需要干预方长期以往地坚持工作。如果中间工作停顿，就会影响到意识的养成。对于商业银行而言，不仅要加强内控管理，而且还要持续性地向员工进行风险意识的传播和灌输。只要这样，才能让员工提高风险意识。

3. 完善风险预警

就像"洪水"检测线，一旦触及，就会发出警报。商业银行的风险预警系统，远比"洪水预警"要复杂的多。它需要一步一步进行完善，才能让预警系统更加灵敏、有效。笔者发现，许多银行借助大数据和云计算，提高风险预警的敏感度和准确度；还有一些银行通过大量相关案例的调查、评估，从而总结出预防道德风险的方案，再将方案与风险预警系统相结合，继而完善风险预警系统。

总之，道德风险是一种人为风险，这种风险也是人为可控的。只要能够让商业银行的从业者做到"不敢想也不敢做"，就能从根本上杜绝道德风险，让商业银行网点健康发展。

网点"三项"管理

与自我管理想比，组织管理的工作似乎更为复杂一些。组织管理包含三部分，第一部分就是自我管理，第二部分是组织内部管理，第三部分是组织外部管理。预防各类风险，既要抓内控，又要搞严防，是内外都要管，且内外都要管好。这不同于"胡子眉毛一把抓"，也不等同于"西瓜芝麻一起抓"，内部管理与外雇管理都是"西瓜"，都非常重要。

讲个故事：有一个企业，因为经营不善的问题，刚刚换了一套领导班子。这套领导班子更加年轻，学历较高，而且有较为先进的观念。企业老总姓张，是一名资深海归，曾经在世界五百强企业做过多年管理工作。当他来到这个公司，经过一段时间的了解，发现：这个企业多项制度是不合理的，在一些关键制度上，还存在巨大的漏洞。因此，许多人利用这些漏洞大做文章，比如迟到早退、挖企业的墙角、在岗者进行第二职业等。这位老板认为："缺少制度与缺少管理，是同样危险的。想要经营好企业，健全制度和加强管理必须同时进行。"

因此，他从管理入手。首先，他加强工作作风、团队建设、执行力的管理；其次，进一步完善、健全企业内部管理体系，建立绩效奖罚机制；再次，他还补充了"监督"部门的力量，让"监督"在企业管理中充分发挥作用。一套办法下来，这个企业的内部形象与外部形象有了明显的改善，企业也开始扭亏为盈。说到底，企业存在问题就是管理问题。管理问题解决了，"病"就治好了。

后来，这家企业成为当地的纳税第一大户，而且计划三年内上市。许多员工感慨："我们赶上了好时候，而且还遇到了一位好领导。"

对于银行网点而言，严抓管理、严控各类风险是最重要的基础性工作，这两项工作可以看做银行网点的"肉体"。只要肉体不腐，生命将长存；如果肉体腐败，生命将不存。另外，银行网点还要坚持另外"三项"管理，这"三项"可谓是银行的"灵魂"。只要灵魂长存，肉体也就不会腐烂。那么这"三项"到底是哪"三项"呢？

1. 抓产品和服务

产品是银行的魂，服务是银行的魄。能够同时抓住产品和服务两项工作，才能提高银行的竞争力。有一位资深行长讲："过去银行，给人的感觉是，产品种类少，服务也不太好……造成这种管理局面的原因，主要还是时代与环境的因素。如今是互联网时代，各大银行竞争非常激烈，如果做不好产品和服务，就如同餐馆环境恶劣、菜品也不行，到头来只能等待关门。"如今，许多银行重视服务，希望借助服务提高客户体验。还有一些银行，通过推出种类繁多的产品，来满足客户的不同需求。产品和服务体现银行的硬实力和软实力，只有软硬相结合，才能把银行管理工作做好。

2. 抓工作作风

有句话是这样讲："公正如矛，必克壁垒；清正如盾，必挡诱惑。有此矛盾，何惧矛盾。"这句话，讲得就是刚正不阿、清正廉洁的工作作风。如果一个人的作风出了问题，腐败、堕落就会找上门。第一方面，管理者要健全"监督"机制，借助监督，规范员工的工作行为；第二方面，还要抓好案件防控工作，在加强作风建设的同时，落实案防制度；第三方面，还要加强道德文化建设，借助文化的熏陶，提高员工的综合素质。

3. 抓组织盈利

有一位企业家说："企业管理的好，主要体现在盈利方面！"管理工作做好了，如同给一个健康的人再次注入活力，最直接的体现是：能够最大限度地提高自身价值。如果管理不能为企业或银行带来效益，那么这样的管理就是失败的。对于银行网点来讲，坚持以盈利为目标的管理，更有实际意义！事实上，盈利管理能够更好地、更为直接反映出企业或银行的效益现状。因此，管理者要根据银行网点的实际情况，借助利润地图和利润杠杆，实现银行网点盈利。

著名企业家段永基认为："企业的情况很复杂，所以应该有壮士断臂的勇气和决心，因为这个放弃减少了对他的很多压力和拖累，使他更有力量，寻找更好的机会来发展。"对于银行网点而言，多一点管理智慧和勇气，或许才能让银行真正走上繁荣发展之路。

PART4
管理者的角色认定及领导风格

苏格拉底有句名言："认识你自己！"一个人，并不是三岁看小，七岁看老。在漫长的人生生涯里，只有得到科学而理性的引导，才能够认识自己，启发自己……这个时候的自己，才是真正的自己。对于一名总行、分支行乃至网点的管理者而言，认识自己是第一位的。只有认识自己，才能确认自己的领导风格，发挥自己的特长，为银行提供保障和服务。

第十一章 管理者的四大角色

> 通常来讲，管理者的身份和角色，要随"管家"职能的
> 变化而变化。有时候，他可能是管理者，有时候可能是
> 组织者、服务者、经营者……不管分饰哪个角色，都要
> 做好自己的分内事！

网点管理者

大作家拉尔夫·爱默生说过一句话："多数人不能够不能很恰当地说出自己的学问深浅，不是估计偏高，就是估计偏低。多数人不能够完全知道自己的性格趋向，不是强调优点就是强调缺点。多数人不能正确说出自己的理想、坚定性、上进心、道德感等，达到了怎样的高度，不是偏于自傲，就是偏于妄自菲薄。因此在人生的历程中，认识自己是十分重要的课题，它使我们能去做最适合自己的事，因而发挥更强大的效用。"由此可见，认识自己是人的生命中最重要的一件事情。

对于银行网点管理者而言，不仅是一个人，而且还是一个管理者。所谓管理者，就是这个组织的领导，拥有最高发言权的人。就像一个狼群，管理者就是那只最有号召力的狼王。美国前国务卿基辛格博士认为："领导就

是要让跟随他的人们，从他们现在的地方，走向他们还没有去过的地方。"
由此可见，领导者是一个敢于开拓进取、有勇有谋的人。管理学者罗素·尤
因说过一句话："老板创造恐惧，领导者创造自信。老板能修正过失，领导
者能改正错误。老板什么都知道，领导者总是问问题。老板让工作成为苦差
事，领导者让工作变得有趣。老板专注于他自己，而领导者专注于整个团
队。"由此可见，一名银行网点的领导人，是聪明、乐观、积极的管理者，
而非刚愎自用、冷酷无情的老板。笔者认为，一名优秀的管理者，至少要做
好三件工作。

1. 为上级分忧解难

古往今来，为领导分忧解难的故事很多。比如管仲辅佐齐桓公，九合
诸侯，一匡天下；诸葛孔明辅佐刘禅，鞠躬尽瘁，死而后已。为上级分忧解
难，本就是一名管理者的职责。举个例子，有一个跨国集团，由于没能跟上
时代步伐，销售业绩一落千丈。该跨国集团的亚洲区总裁，为了解决这个问
题，先是收购、组建技术团队搞科研攻关，而后加强与客户的沟通合作。通
过一系列调整，为总公司找到了突破口，成功打了一个翻身仗。这个亚洲区
总裁，不仅为董事会主席分忧解难，自己也因此得到了进一步提拔，甚至后
来走上了CEO的宝座。作为一个分支网点的管理者，除了完成上级行分配的
任务外，还要在新常态下，帮助上级行实现网点智能化、网点"轻资产、重
体验"的改革工作。

2. 为下级铺平道路

美国总统罗斯福有句名言："一位最佳领导者，是一位知人善任者，而
在下属甘心从事其职守时，领导要有自我约束力量，而不插手干涉他们。"
笔者发现，有一些管理者把自己当成"太上皇"。一方面，自己高高在上、
不直接参与管理，而是坐听汇报，垂帘听政；另一方面，则是做甩手掌柜，
义名上是顺势而为，实际上是什么也不管。还有一些管理者把自己当成"皇
帝"，这类人把权力看得非常重要，他们总是抓着权力不放，而且还掌握着

下级的"生杀大权"。事实上，这两类角色都无法把管理工作做好。管理是一种艺术，要恩威并举、松紧有度。作为一名管理者，在上级领导的眼里，也不过是一名普通执行者而已。因此，管理者要甘做员工的"领头雁"，不仅自己要动手做，而且还要做得好。另外，管理者并非要事事上心、亲力亲为，至少要一边监督，一边授权。只有这样，才能打通执行渠道。

3. 为客户创造价值

有些人认为，领导只负责领导管理工作，与客户沟通、交流等事情，完全是销售人员和服务人员的事情。事实上，有这样的看法，完全是一种内心狭隘的表现。笔者认识一名行长，他常常穿着工作制服，带着一个"爱心"胸章，在营业大厅充当服务人员。许多客户得到了他的热情服务后，都纷纷竖起大拇指。他认为："能够在工作一线为客户解决诉求，创造价值，才能让自己保持一颗服务为民的心。"事实上，许多客户更愿意找领导解决问题。在客户心目中，管理者有着丰富的经验，而且还有主导权和决策权。

除此之外，管理者还应该是一名果断的决策者和一名有远见的带头人。就像诺贝尔奖得主蒙森所言："缺乏一位有远大眼光可统观全局的政治领袖，因之做得不是太过，就是不及。"

团队组织者

一名成功的领导人，通常具备四大特点。第一、具有非常好的人格魅力和领导魅力，从气质到形象，要具有一种征服力；第二、具有远见和做决策的魄力，并且能够说服自己的员工与其共同战斗；第三、不仅为自己负责，还能够为自己的属下负责，能够关心爱护自己的员工，鼓励自己的员工；第四、有强大的组织力和沟通能力。美国西南航空公司总裁凯莱赫认为："以爱为凝聚力的公司比靠畏惧维系的公司要稳固得多。"换句话说，一名管理者，管理效果要体现在每一名员工身上。如果每一名员工都骁勇善战，就能够完成不可能完成的任务。

讲个故事：在欧洲，有一只足球队。这支足球队是一支平民球队，没有高额的投入，也没有高额的奖金刺激，甚至连队员的薪水也仅仅是中游水准。有一些俱乐部，打算高薪诱惑这支球队的核心队员，希望他们来更好的平台发展。

在内行人看来，这支球队的俱乐部主席绝对是一个聪明人。在这种情况下，他便放低姿态，亲自约谈那些处于转会绯闻中的球员。他问一名球员："你希望得到什么？"这名球员说："我希望得到冠军……可是？"俱乐部主席笑着接上他的话语说："可是留在这里，很难拿到冠军，对吗？"这位球员有些尴尬。俱乐部主席说："如果你离开了球队，或许这支球队距离冠军就更加遥远了！如果你留在这里，还有你身边的兄弟伙计，我想，这样的奇迹也是有可能的！何不留下来试一试呢？"

通过这种游说与鼓励，这位球队老板挽留住大多数主力球员。另外，在转会市场上，他也用自己的手段，得到了几名有实力的"自由球员"，而"自由球员"最大的特点是合同到期，不需要支付高昂的转会费。为了刺激球队取得好成绩，他把转会中省下来的钱当做赢球奖金，鼓励球员勇敢拼搏。没想到，新赛季，这支球队异军突起，以"黑马"的角色，一直领跑联赛积分榜。最后以五分的优势拿到历史第一次联赛冠军。

管理的效能，通常体现在组织方面。如果一名管理者，没有出众的组织才华，就很难打造出有战斗力的团队。一个企业、银行的成功，并不依靠管理者一个人的力量，而是依靠团队的力量。就像通用电话电子公司董事长查尔斯·李所说："最好的CEO是构建他们的团队来达成梦想，即便是迈克尔·乔丹也需要队友来一起打比赛。"由此看来，一个管理者只有成为一名出众的团队组织者，借助团队的力量，才能实现自己的管理梦想。如何才能打造一支强有力的团队呢？笔者认为，要做好三件事。

1. 角色分配

通用电气前CEO杰克·韦尔奇说过一句话："让合适的人做合适的事，远比开发一项新战略更重要。"这句话，也侧面说明了用人的第一原则：唯才而用。其次，管理者还要公平分配角色，最好是借助"岗位用人机制"，借助一种"筛子"去筛选，符合条件者就去扮演自己与之对应的角色。这样的角色分配，是公平合理的，也不容易被"无能者"走后门、钻空子。另外，角色分配的目的是为了取长补短，让人人都能发挥自己的特长。只有这样，团队也能产生1+1>2的力量。

2. 走动管理

走动管理并不能简单的用 "沟通"二字进行形容，它是一种团队管理方式，沟通仅仅只是走动管理的一种手段。通过走动、沟通，管理者可以充分了解员工的工作状态和工作进程。在某些"节点"上，可以及时给员工提供有效授权和帮助。走动管理的另外一个作用是监督，通过这种走动监督的方式，可以让员工适当保持一种压迫感。有了压力，才能产生动力。

3. 善于激励

钢铁大王卡耐基认为："想要驾驭别人，请不要吝啬！如果可以的话，给予他所需要的一切。自重感与生俱来，给予他们真诚的赞扬可以使你迅速获得成功。"因此，善用激励的作用，就是让员工心存感激，继而激发他们的斗志。抗战时期，抗战将领曾经有"三块大洋换敌人头颅"的奖励；在现在企业中，物质与精神结合的奖励方式更是举不胜举。因此，管理者要善用激励，可以借助激励与绩效结合的模式，进行有效激励，才能让团队更有拼劲，更有凝聚力。

组织团队，如同打造一支战斗力卓越的"狼群"！一只狼的力量是有限的，一群的狼的力量就可以征服整个森林。作为"狼群"的管理者，组织能力也是一种统治力的表现。

部门服务者

俗话说，服务事业是人类历史上最崇高、最伟大的事业。"劳动人民最光荣"这句话也常常挂在人们耳边。1944年，毛泽东在张思德的追悼会上说过这么一句话："因为我们是为人民服务的，所以，我们只要有缺点，就不怕别人批评指出。不管是什么人，谁向我们指出都行。只要你说得对，我们就改正。你说的办法对人民有好处，我们就照你的办。"所以说，在我们国家，服务精神是一种传统美德，更是一种传承。因此，作为一名基层的银行网点管理者，更应该树立"服务意识"，把服务工作当成一件重要工作。只要能够服务好部门，让员工卸下思想包袱、努力工作，一切付出就很值得。

讲个故事：有一个杂技团，杂技演员苦练多个复杂的杂技项目，就是为了参加国际杂技节的比赛，从而斩获好成绩。这个杂技团的团长叫老吴，老吴是行政出身，对杂技并不是很在行。但是精于管理和服务的老吴，在赛前的关键时刻，反而做起了"保姆"。

看到杂技演员累累的伤痕，他也不禁感慨："台下十年功，台上十分钟。成功，都是辛勤的汗水换来的。为了这十分钟，他们苦练十年，让我为他们做十年服务，也是应该的。"为了保证杂技演员的训练质量，吴团长亲自为他们下厨做营养餐。甚至还专门请来运动心理专家，为赛前紧张的杂技演员做心理疏导工作。比赛的时候，吴团长亲手将两百个荧光棒分发给啦啦队，为杂技场上的比赛队员加油助威。

有队员说，吴团长简直就是"吴爸爸"，他爱着所有杂技演员，把杂技演员当成自己的孩子，把杂技团当成自己的家。用"保姆"二字形容吴团长一点也不为过。服务后勤工作做到位，自然就会出好的管理结果。这支杂技团，从初赛到预赛，从预赛到决赛，一路过关斩将，终于夺得国际杂技节金奖。

现实中，相当多的一批干部，不仅没有服务意识，反倒在自己的官位上作威作福，把企业或银行当成自己的官衙门，把员工当成自己的衙役，呼之即来，挥之即去，完全一副"官老爷"的形象。但是社会上还有这么一种言论：官位如同火炉，不宜久坐。言外之意，做官老爷是不行的，要坚持以服务企业为中心的管理，才能体现自己的价值。因此，做为一名企业或银行干部，要树立服务意识，把部门服务工作做好。

1. 关心员工，为员工搭建成长平台

关心和爱护，就是一种服务。就像法国文学家大仲马的那句名言："人人为我，我为人人。"员工作为企业或银行的一种资源，关心、爱护他们，也是对"资源"的一种重视和保护。伟大的启蒙思想家但丁认为："人不能象走兽那样活着，应该追求知识和美德。"关爱员工，也是让员工的内心需求得到满足。另外，管理者还要为员工搭建成长平台。事实上，员工作为一种"宝贵资源"，只有得到合理利用，才能让组织受益。

2. 为员工的执行通道做好清理工作

许多时候，不是员工能力不行，而是没有匹配的权力和资源。举个例子：让一个人推着自行车拉二十吨钢材，即使把他累死，也完不成任务。因此，管理者要充分考虑执行通道和授权的问题。如果把自行车换成一辆卡车，这个人的工作就变简单了。因此，管理者的第二项服务工作，就是为员工的执行通道扫清障碍，并进行大胆授权。只有这样，员工才能把分配的工作贯彻执行到底。

3. 做好教育引导工作

德蕾莎修女说过一句话："爱自己，爱他人，爱生命里一切需要爱的事物，不要任何理由。哪怕生命微小到只是一根细小的灯芯，燃烧了，就能照亮自己，也能照亮他人。甚至，你还可以尝试去照亮一个世界。"为员工做领路人，是一种服务，也是一种爱的体现。有人说，管理者是"保姆"，还是一名"老师"，一个"前辈"，甚至是温暖的"欧巴"。做好员工的教育引导工作，不仅是职责的体现，更是服务的体现。

管理就是服务，管理与服务，甚至互为左右手。如果没有服务意识，管理就失去了"人性"，将会让团队变得"冷漠无情"。这样的团队，也就不会有凝聚力和战斗力。

组织经营者

经营与管理是分不开的！对于一个基层银行网点的管理者来讲，管理的目的就是为了经营。现在，很多人更愿意用经理人这三个字来形容自己的管理身份。管理，更倾向于"管"这个字，处处都要管，处处都要干预，总是给人一种"抓着权力不放"的感觉。经营与管理在这方面，则完全不同，它更讲究技巧、方法和过程。举个例子，婚姻需要经营，而不是管理。从这个角度上讲，经营更加务实，而且更具人性化。

京瓷集团的创始人稻盛和夫曾经发明过一个名为"阿米巴经营管理模式"的经营方法，所谓"阿米巴"，就是肉眼不可见的、细小柔软的原生体。"阿米巴"虽小，但是却有很强的适应能力，它能够随外界的变化而变化。因此，这种经营策略，也是异常的自由、灵活。通过这种管理方式，京瓷集团遭遇四次重大的经济危机，都没有受到影响。稻盛和夫说过一句话："真正的领导者应该是'以大爱为根基的反映民意的独裁者'，只有这样的领导人，才是在混沌纷乱的时代开辟生路，带领团队成长的真正的领导者。领导者必须具备真正的勇气，对团队进行严格的指导，统率团队向前奋进。"从这一点看，管理者与经营者的两个角色，上升到组织利益的高度上，又会不谋而合，因此也就验证了"管理即经营，经营即管理"这句话。

讲个故事：有一个饭店老板，他总是喜欢指手画脚，对服务员、厨师的一切工作，都非常不满意。他总是自言自语道："如果让我去做，我会做得比他们好一百倍。"

有一次，这位饭店老板冲着一位厨师发火："你知道吗？我给你五千元钱的工资，是让你实现五千元钱的价值！如果你做不到，最好赶紧走人！"

厨师内心非常委屈，如果辞职，上个月的工资就拿不到了。他只能一边听老板的呵斥，一边小心翼翼工作。当然，带着情绪去工作，是永远也做不好工作的。因此，许多顾客吃过一次，就再也没有来过第二次。

与这个饭店不同的是，马路对面的另外一家餐厅的女老板，则是温文尔雅，从来不呵斥自己的员工。她认为："员工就是自己餐饮的具体经营者，而我只是将他们组织在一起而已……如果他们工作不开心，带着情绪，一定会把这种'坏心情'体现在菜品当中。"凭借这个经营理念，这家餐厅的生意非常火爆，而且大多都是回头客。

管理不是一种控制与呵斥，管理同样也要给员工空间，让员工得到成长。笔者发现，许多管理者没有耐心，只要工作达不到要求，就开始发火。殊不知，这种"火气"对管理毫无益处。懂得经营的人，虽然重视结果，但是同样也重视过程，甚至在权力运用方面，还要更加慎重。笔者认为，一名优秀的组织经营者，应该具备三大素质。

1. 敢于尝试

经营者，也是一个组织的"开路先锋"，就像神农尝百草，要有"尝"的勇气。传统的管理者，总会选择"以不变应万变"的管理方式。但是往往到了"需要变化"的时候，却已经错过最好的良机。从某种角度上讲，经营者也是革新派。就像古人所言："唯变所出，万变不从。"

2. 团结协作

有些管理者，认为自己是高人一等的！下达命令时，完全不顾及员工的感受。事实上，除了位置比别人高一点，管理者也不是"神仙"，也不具备"一人改变世界"的能力。经营者则不同，他们重视群策群力，借助"狼群"的力量去解决大问题。在团队中，经营者甚至还充当"润滑油"的角色。

3. 勇敢担当

有三个词用来形容经营者，比如"以身作则"，就是把责任扛在肩头，自己的责任自己承担，绝不会找替死鬼；比如"身先士卒"，就是能够冲锋陷阵，为员工做表率；比如"身体力行"，就是靠自己的实践说话，绝不做闭着眼睛的"指挥家"。如果这三个词合在一起，就是一种担当精神。作家毛姆所言："要使一个人显示他的本质，叫他承担一种责任是最有效的办法。"

如今，市场化体系越来越健全。互联网时代下，我们更需要充满智慧的经理人，而非顽固守旧的管理者。

第十二章 管理者的管理风格

每一名管理者都有自己的管理风格。因此，明确自己的管理风格是非常重要的。常见的管理风格有四种类型，且准或者结合与自己性格相关的管理类型，就能把管理工作做好。

明确自己的管理风格

大作家爱默生认为："风格是一个人的心声。"世界上没有两个相同的鸡蛋，也就没有两个相同的人。这个不同，就在于人的风格与性格。风格到底是什么呢？风格，就是风度与品格的结合。与风格相对应的，是一个人的个性。古罗马哲学家塞内加说过一句话："风格有不固定的模式，不同的人就有不同的风格，任何时候都是如此。"风格与个性的差异，也造就了管理者不同的管理风格。比如，有的管理者气场很足、喜欢发号施令，属于命令型管理者；有的管理者则喜欢做"甩手掌柜"，授权给员工去做，这种管理者属于授权型管理者；有的管理者就像驾校教练一般，注重言传身教，这一类属于教练型管理者；还有的管理者更喜欢以"顾问"的角色参与管理，这一类则属于顾问型管理者。管理者的类型还不止如此，但是只有明确自己的管理风格，才能更好地做好本职工作。

西班牙有句谚语："自知之明是最难得的知识！"笔者发现，许多人总会拍着胸脯向别人强调："难道我还不知道自己的本领吗？"俗话说，当局者迷、旁观者清。有时候，看清别人比看清自己要容易的多。还有一些管理者，非常不谦虚，总会给人一种盛气凌人的感觉。就像那首流行歌曲写的那样，送你离开，千里之外……想要靠近他，真是一件不容易的事情，就像蔷薇丛中的玫瑰，浑身上下都是刺，同事怕他，员工也怕他。时间久了，就成了孤家寡人。如果一个管理者，高傲到孤芳自赏，又如何才能统领全局呢？正如老舍先生的那句话："一个真认识自己的人，就没法不谦虚。谦虚使人的心缩小，像一个小石卵，虽然小，但极结实。结实才能诚实。"既然如此，如何才能明确并找到自己的管理风格呢？笔者认为，可以借助四种方式"找自己"！

1. 从事业中找自己

有的人，事业心强；有的人，事业心弱；有的人，责任心强，有的人，责任心弱。但是对于一种管理者而言，事业心和责任心都要有，而且都要强。但是，当一个人在管理岗位工作多年，经历的事情越多，事业心和责任心也会逐渐减弱。笔者认识一个企业家，他有一个自检表，每过一年，都会进行"自检"！自检的过程，就是一个自我认识的过程。这个自检表，涵盖与事业相关的十项内容，每一项内容都是10分。如果得100分，说明初心未变；如果得分不及格，说明初心已变。通过自检，我们还可以做到自我反省、自我认知。从而认识自己，找到自己。

2. 从别人口中找自己

虽然有时候，他人口中的自己是片面的，有的是经过有色眼镜加工处理过的。但是，他人的只言片语，也能反映出很多问题。举个例子：有一个老板，常常听到自己下属的议论声。有人说："咱们的老板脾气不好。"还有人说："咱们的老板，总是喜欢教训人，难道我们还是小学生吗？"通过这些评论，这个老板大概就能判断出自己的管理风格——教练式的训导管理风格。但是管理者又不能因为他人"只言片语"，盲目地改变自己。要学会筛选这些评价信息，在某种程度上，通过这些有价值的信息找到自己的缺点更加重要。

3. 通过比较认识自己

俗话说，山外有山，人外有人。如果不进行一番比较，恐怕永远也看不清自己与优秀者的差距。举个例子：一个人100米的短跑成绩是11秒，这样的成绩在普通人的眼里，已经相当快了；但是与专业运动员相比，11秒恐怕还没有达标。一个管理者，要常常与更加优秀的管理者进行多维度的比较。比如，我的能力到底如何？我的管理理念是否先进？我是否还有工作激情？认识到与优秀者的差距，才能让自己变得谦虚。

4. 常常反省认清自己

古人说："吾日三省吾身；为人谋而不忠乎？与朋友交而不信乎？传不习乎？"三省吾身，不仅可以让自己认识自己，还能提高自我修养。孔子还有一句话："见贤思齐焉，见不贤而内自省也。"通过自我省察，我们可以坚定自己的信仰，不断完善自己。只有这样，才能做所作为。

老子有句话："知人者智，自知者明。胜人者有力，自胜者强。"只有认识自己，明确自己的风格，才能在管理之路上走得更远。

命令型管理者

讲个故事：有一个将军，他带领的军队是一支纪律严明、作风顽强的军队，在二战期间，屡屡取得胜利。这个将军有一个特点，说一不二，不给士兵留讨价还价的余地。他认为："军令如山，如果凡事可以商量，人就会退缩！退缩则是战场上的大忌。如果一个人在战场上退缩，恐怕就会成为敌人的俘虏。"

有一次战斗，打得非常惨烈。将军带领的军队，死伤过半。后来弹药不足了，有一个副官躲过生死一劫，跑回来跟将军商议："将军，前方的子弹快打光了，我们还是撤吧？"

"敌军的子弹还有很多吗？"将军质问副官。

这个问题难住了副官！事实上，双方都几乎打光了子弹，如今正在战场上刺刀见红地搏命。将军再次质问副官："你回来的目的是什么？难道想策反我，让我向敌人投降吗？"

将军发火了，并拿枪对准了副官的脑袋。这位副官意识到自己的错误，竟然扑通一声跪倒在将军面前，连连道歉："将军，我不该抛下我的士兵，从战场上一个人逃回来。如果你能给我一个戴罪立功的机会，我肯定不辱你的命令！"

将军给了他一次机会。这个副官回到战场上，硬着头皮与敌人拼刺刀。但是由于畏惧心过重，还是死在了战场上。但是将军的铁血政策并没有让国家首脑失望，他再次带领军队取得了关键战役的胜利。这位将军虽然战功赫赫，但是争议也非常大。甚至有人评价他："完全把法西斯那套管理带到了军队里，这种方式完全是对人性的践踏。"

不难看出，故事中的这个将军，是一个典型的命令性管理者。他做出的所有指令，都是由自己一个人制定的。一旦做出指令，就不允许下属有商量的余地。在这种管理者的眼里，只有两个词：权力和命令。所谓"权力"，就是权力是至高无上的，不能被蔑视，只有被尊重；所谓"命令"，就是命令如天，必须执行。这类管理者总会强调："执行命令是天职，要无条件服从组织的安排。"但是这种管理方式。许多人是难以接受的。尤其当下，许多80后、90后员工，个性很强，有很大的叛逆心理。如果采用"强压命令"式的管理方法，或许会致使大量人才流失。命令式管理者，通常有以下几个典型特点。

（1）这类管理者，能够明确划分员工的各个职能和角色，有时候还借助岗位选拔制度进行选人。事实上，很大一部分领导，在用人方面并不固执和保守。但是，这类管理者非常重视岗位管理制度，如果有员工不遵守制度，就会采取相应的处罚方式。通过这种命令式的管理，实现约束员工行为的要求。

（2）在相关信息的传达方面，这类管理者有一个特点，喜欢开会。他们认为，会议是非常好的传达命令、布置命令的方式。这种会议不是"交流会"或者"研讨会"，而是一种君在上、臣在下的命令发布会。开会的目的就只有一个，就是告诉责任相关人：命令已经部署下去，按照命令去执行吧！

（3）这类管理者研究决策，也是非常神秘的。笔者认为一位企业家，他做决策或者下命令之前，会把自己一个人关在办公室里，任何人都不能打扰他。还有一些管理者，假借"疗养"，实际上在动脑子研究命令。当决策制定好，他便推开门下命令了。在整个决策过程中，他不需要与任何人商量，完全按照自己的想法和意志。

（4）这类管理者，不仅重视纪律，而且更加重视命令落实的情况。举个例子，有一个商业银行的行长，经常跟着"清收小组"的工作人员一起外出做清收工作。他们这么做，只是为了监督员工的工作，了解员工的工作进展。如果情况有变动，他们还会下其他命令。

（5）通常来讲，视命令如山的管理者，很少用正面的语言去评价或者表扬自己的员工。他们最常说的一句话是："这是组织安排，完成任务是己任而已！"当然，也有部分命令性管理者会用绩效管理体系来激励员工工作。

总之，命令性管理者优缺点都非常鲜明。商业银行网点管理者，应该采用"命令+人性"相结合的方式，或许会取得更好的管理效果。

授权型管理者

笔者有一个朋友，在某企业做老板。俗话说，老板老板，老是板着脸。事实上，这个老板常常微笑挂在脸上，很难看到他发愁的样子。他常说：自己不是哪吒，也不是八爪鱼，没有三头六臂，也干不了那么多活，除了做决策，其他事都分配交代下去了。事实上，笔者的这位朋友，是一位"授权高手"。授权不等于"甩锅"，而是一种管理方法。前通用电气总裁杰克·韦尔奇说过一句话："管的少，才会管得好。"中国传统哲学，讲究无为而治，实际上就是一种"有所为有所不为"的管理境界。

美国一位心理专家查雪尔认为："授权，是一个事业的成功之途。它使每个人感到受重视、被信任，进而使他们有责任心、有参与感，这样，整个团体同心合作，人人都能，发挥所长，组织也才有新鲜的活力，事业方能蒸蒸日上。"这句话是一句负责任的话，也是一句经得起推敲的话。事实上，授权的好处确实有很多。

讲个故事：有一个大型养殖场，一共养了两千头牛。在没有机械化喂养的情况下，两千头牛的喂养难题绝对会让管理者头疼。这个大型养殖场的老板叫约翰，除了他之外，还有15名工人。

约翰说："两千头牛，如果我每天挨个做检查，每一只检查五分钟，就要花掉十六个小时。实话说，如果一个人每天工作十六个小时，恐怕早就工作击倒了！所以，我需要那些伙计帮忙才行！"因此，约翰授权给十五个人，每一个人负责120只牛，剩余的二百只，由约翰和他的妻子负责。即使如此，他们在八个小时工作日内，几乎忙得团团转。

后来，约翰购买了一套饲料喂养设备，这个机器可以减轻五个人的工作量。但是约翰并没有辞退他们，而是授权他们做牧场的推广和营销工作。不久之后，这几个人竟然跑到商超里面做促销，而且成功地将牧场的牛肉，推荐给当地的消费者。

前面我们讲命令型管理者，这一类人喜欢布置命令，而且要求下属不折不扣、不讲条件地去执行。授权型管理者似乎与这一类完全不同，他们则是把权力、资源都分配下去，让属下自己去安排，似乎有点"包产到户"的感觉。刘备就是一个典型的授权型干部。他放权给诸葛亮，并对诸葛亮说："你做事，我放心！"刘备之所以选择放权，是他的一种自知之明。他自知自己在治国谋略、派兵布阵等方面，不如诸葛亮，因此便做个"顺水人情"，把这些工作都交给其他人打理。事实上，授权是一种非常聪明、非常理智的做法。除了刘备，毛泽东也是一个善于授权的人。早年在井冈山，毛泽东与党代表研究完作战方案之后，便拉着陈毅离开坐席，并对他讲："战斗马上就要打响了。我们走，让他们指挥去！我们在那里很麻烦，弄得指挥员很难下决心，你在那里，他要征求你的意见，不征求你的意见，独断专行，将来要受批评，打了败仗，说他目无党代表；征求你的意见呢，商量来商量去，就丧失了时机。"毛泽东的用人思想，也是让内行人做内行的事，外行人不要瞎搀和。对于自己不擅长的，他就像刘备那样，把事情吩咐给别人去做。

授权型管理者最容易忽略的一个问题，是控权。有人说："许多领导只授权，从不控权。出了问题，责任也不在他！"这句话反映出一个现象，许多管理者的"授权"，只是一种"甩锅"行为。真正有效的"授权"，是做到有效"控权"。就像管理专家皮特·史坦普说过的一句话："成功的企业领导不仅是授权高手，更是控权的高手。"那么授权型管理者又要靠什么来控权呢？事实上，控权的方式有很多种。比如，授权协议书上可以明确规定相关权的使用范围，以及所达到的结果。如果没有按照协议执行，就要承担相应责任。言外之意，管理者既能授权，也可随时取消授权。

世界上没有完美无缺、事事精通的领导，只有通过管理调度、资源优化、激发员工干劲、讲究管理艺术的领导。所以，管理者学会授权，胜过事无巨细、事事都要管。

教练型管理者

讲个故事：在非洲肯尼亚，有一个长跑教练。这个人，在当教练之前，也是一名运动员。可以说，在长跑领域内，他是一名不折不扣的专家。就像驾校老师一样，驾校老师都是老司机。后来，有一群年轻人跟着这位长跑教练练长跑。这位教练非常耐心，而且遵循运动科学和大运动量训练的规律。每天艰苦训练完毕，这位教练都会对这些年轻人一番嘉奖，并说："你们离梦想又近了一步。"听到这句话，这些年轻人就会非常高兴，下一次训练会更加刻苦。

在肯尼亚，长跑完全可以改变一个人、甚至改变一个家庭的命运。长跑对于这些年轻人，就是一种工作……因为长跑可以为他们带来金钱和荣誉。在这种环境下，不成仁便成佛。到了奥运选拔期，奥运选拔成绩就成了这些年轻人的"高考"。为了给他们缓解压力，这位教练给他们做放松训练。这种方式，不仅有利于心理疏导，而且还能够有效放松肌肉状态，防止大赛前紧张造成的痉挛。在这种关怀和鼓励下，这几个年轻人丢下思想包袱，勇敢冲上赛场。最后，有一个年轻人达到奥运选拔成绩，另外两个接近奥运选拔成绩。

这名长跑教练手下，虽然没有人拿到过奥运金牌，但是能够进入奥运会、向世人展示自己，并且与体育运动品牌签下代言合同，已经是巨大的成功。当然，这位教练也功不可没。

从另外一个角度上看，管理者很像这名教练。有一位企业家认为："老板其中的一个重要职能，不就是'育才'吗？把普通员工培养成对企业有价值的人才，是课题，也是己任！"有些人把教练型领导完全比喻成"教练"，实际上也有不到位的地方。教练型管理者，通常只是借助管理的方式方法来挖潜员工的潜力和心智，促使他们提高劳动能效。事实上，这种管理的最终目标不是针对某个人，而是针对组织利益。那么如何才能做好一名教练型管理者呢？笔者认为，还要同时分饰好六种角色。

（1）模范代表。许多教练型管理者，自身也是工作狂。他们用这种不懈的工作态度，间接激励其他员工。就像某公司员工形容自己的老板，像换了两节"南孚电池"一样，动力十足。以身作则、以身示范，同样也是一个管理者的应该做好的事情。只有这样，管理才有说服力。

（2）稽查员。所谓"稽查"，就是有强烈目的性的、且针对人的一种工作检查。有些员工，对领导稽查抱有微词，甚至会说："领导不信任我们，我们如何才能把工作做好？"事实上，这种微词只是给自己找一个借口而已。管理者通过稽查，发现执行过程中的问题，然后才能准确有效地给予授权和指导。

（3）导师。就像中国好声音里面的导师那样，既可以通过自己的专业能力提高员工的自我管理与解决问题的能力，而且在很大程度上，还能帮助员工实现梦想。管理者既要成为员工的职业导师，也要成为他们的梦想导师，工作上给予指导，梦想上给予引导。

（4）教练。这里的"教练"，主要是给员工提供专业指导与训练。许多管理者自身也是专家和精英，为员工提供培训，也是无可厚非的。但是大多数管理者时间有限，只能通过外聘专家或者内训师对员工进行培训。通过培训，提升员工的综合素质和工作能力。

（5）心理医生。举个例子：足球教练，在某种程度上讲，就是一名临场心理医生。在比赛过程中，他可以不断给球员打气，而且还会借助一些方式为球员减压。笔者发现，许多成功的管理者，常常与员工做深度交流。当他发现员工存在内心障碍或者疑惑，就会想办法帮助他们进行心理疏导。

（6）亲人。教练爱自己的学员，如同亲人爱自己的孩子一样。教练型管理者，一定是一位善于关怀他人、给予他人温暖的"欧巴"。关爱可以拉近管理者与员工的距离，而且还可以消除彼此之间的隔阂。

总而言之，教练型管理者是一个可以激发员工潜能、善于沟通、也善用通过"干预"和"管教"进行控制的管理者。如今，许多管理专家大力推荐这种管理模式，也侧面反映出"企业教练"的特点和优势。

顾问型管理者

还有一类管理者，他们温文尔雅，似乎并没有把权力"触角"伸到执行层里。许多员工对这类管理者，抱有强烈的好感。事实上，如果一个管理者权利意识很重，总是企图用权力和命令控制员工，或许会适得其反。

讲个故事：某科研团队，正在向某个重要项目发起攻关。项目进展到关键时刻，该企业对外召开新闻发布会，对外公布项目进展。有一个记者向该公司老板提问："据说，您也是这个项目的带头人。作为业内专家，您认为这个项目的未来前景如何？"

这个公司老板笑着说："如果取得成功，这个产品将会填补市场空白。"

"如果失败了呢？"这个记者追加了一个难题。

"我想我们会从头再来！"这个老板的回答无懈可击，而且还给自己的科研团队进行了减压。

后来，另外一个记者问这位老板："您在这个科研团队中，一定是灵魂人物了！请问，你们目前面临的最大困难是什么？"

这位老板说："我不是这个团队的灵魂人物，我只是一个顾问，一个服务者而已！"

很显然，这个老板并没有过多的参与科研攻关。名誉上是一个带头人，实际上只是在资源方面给予一些帮助。由于干涉少、保障给力，所以攻关进展的速度非常快。一个月后，这个科研团队便成功拿下项目公关，为企业带来填补市场空白的产品。

顾问型领导者，与专业顾问完全不同。专业顾问，仅仅给予技术方面的支持与服务，并不参与直接管理。顾问型领导者，则是用一部分顾问的方式代替管理，给员工充分的施展平台和自由，让员工发挥最大能量。事实上，顾问型管理者是非常聪明的，他们能够游离在团队之外，做一个观察者，一个决策者，一个技术支持者。需要他的时候，他会出现在团队中；不需要他的时候，他就会把注意力放在决策层和战略层的高度上，做一个决策者该做的事情。笔者认为，采用"顾问式管理"有三个好处。

1. 可以充分调动各种资源

许多员工工作，并不喜欢旁人站在一旁指手画脚。一个聪明的管理者，也不爱做"闲人马大姐"的差事。他们认为，只要能够调动资源，实现企业管理需求，就能够完成管理使命。顾问的差事是什么呢？如果当一名员工或者一个团队，有无法解决的问题，需要管理者给予支持或者建议，那么管理者就要及时给予权威性答案。倘若该管理者不是专业内行人士，就需要组织权威顾问，为团队给予鼎力支持。在这种情况下，员工依旧能够保持足够的干劲儿，顾问团队也不会越权干涉团队执行，是一举两得的好事。

2. 让执行人直接参与问题的解决

顾问的一大特点，只给予资源、知识、经验上的支持，不参与管理。因此，这就解决了一个下级向上级"甩锅"的问题。举个例子：有一个企业老板，通常会要求执行人或者执行团队签署责任意向书，要求责任人负责到底。因此，这位企业老板不会直接对结果负责。但是，这位企业老板，会调动一切资源，为执行人或者执行团队服务。他常说一句话："管理者不是提问人，更不是问题的解决人。"就像婴孩学走路，跌倒了，自己能够站起来，才能远离他人的帮扶，尽快学会走路。

3. 让员工养成自觉的习惯

如果一个学生，学习不好就会挨板子，久而久之，这个学生只是因害怕挨打而被动的刻苦学习……到头来，还是学不好！因为，这种"权力威慑"并不能为学生带来良好的学习习惯。事实上，好习惯是培养出来的，而不是倒逼出来的。顾问型管理者，能够给员工宽松的工作空间，他们不受任何人为控制，只要在岗位监督制度和绩效考核制度下自由地从事自己的工作，反倒能够养成良好的工作习惯，发掘出自己的潜能。就像李开复谈谷歌企业文化时说："其实，自由时间比例多少并不重要。谷歌20%自由时间制度的背后，有一个更重要的原则，我们信任员工。我们放权给员工，并不会真的去衡量这个20％，我们觉得员工会自行调整。打个比方，如果员工觉得自己正在做的某个程序非常重要，那么，这个月他可以只做这个程序；如果员工觉得公司交给他的任务更重要，那么，他可能花三个月来做，而根本不会去碰这个20％。"

管理的本质，就是让不同的人才做自己擅长的工作。因此，作为一名管理者，应该减少个人因素的干扰和控制，多为员工和团队提供有实际意义的帮助。

第十三章　领导风格的养成和选择原则

> 领导风格的养成，不是一天两天可以实现的，它与许多因素有关联，比如年龄、经验、知识、影响力、大局观、容忍度等，选择成熟的管理风格，也不要生搬硬套。因地制宜，活学活用，才是选择管理风格的科学方法。

影响领导风格的三大因素

笔者从事培训工作多年，合作过的企业、银行领导者也有很多。在笔者眼里，他们的性格、领导风格、处世之道的方式都不一样。但是，这些管理者也有相同的特点，比如有强大的组织力、判断事物的能力、以及运筹帷幄的能力。甚至还有一些管理者，极富人格魅力。走到哪里，身后就会跟着一群人……或许这就是一种领导力和影响力。一名优秀的管理者，同样具备一些常人所不具备的特点，比如自信、智慧、大局观、包容心、有责任感、有革新意识等。这些因素，也影响到管理风格的形成。当然，一个人的年龄也可以影响到管理风格。举个例子：年轻干部富有朝气，做事干净利落，不拖泥带水，而且能够带领团队冲锋陷阵，管理和做事都比较的有激情；年老干部则较为沉稳，喜欢授权管理，因为年龄与身体的状况，他们不会做"排头兵"，只能做"排兵布阵"者。这种区别，是历练的因素和年龄的因素所造成的。不管是哪一种领导风格，管理者的管理目标是不会变的。

讲个故事：有一个年轻人，因为父亲早逝，不到三十岁他便接管了父亲留下的公司，成为一名年轻老板。俗话说，嘴上没毛，办事不牢。许多公司元老都不看好他，甚至几个董事会成员还有意识地弹劾他。但是凭借自己的股权和父亲留下的权力资本，他还是坐稳了位置。

由于不懂管理和相关技术，这个年轻老板只能通过"恶补"，让自己变成一个内行。所谓"恶补"，就是拼命学习，上总裁班、自学各种技能、参与经验分享会、甚至还报名学MBA……总之只要能够提升自己，他都会去学习。他一边学习，一边适应管理岗位。几年的时间，管理实践就非常内行了。

为了进一步稳固自己的地位，他也开始按照他父亲的做法，进行以"个人思想"为中心的企业文化建设。通过这种方式，他将企业文化、管理精神、企业价值观，灌输到员工的大脑里。而他，也一步一步成为这个企业的领袖。由此看来，个人影响力对管理实践的作用，是非常大的。随着年龄的增长和管理经验的逐渐积累，这个年轻老板成为一名管理界的"老司机"。曾经抓着权力不放，慢慢也学会了分权、授权。这样的变化，也给公司带来明显的变化。二十年前，这家公司年销售额只有几千万；二十年后，这家公司成为一家年销售额过百亿的上市明星企业。

从这个故事中，不难看出，影响一个人管理风格的三个因素：知识、阅历、影响力。

1. 知识

改革开放初期，中国诞生了一批胆子大、学历低的老板。这类管理者，在市场不健全、社会较为闭塞的情况下，用一种粗放式的管理，就能hold住局面。但是如今社会，科技发达，产品换代、知识更新都非常快。如果不能跟上时代潮流，就会被社会淘汰。俗话说，没有文化的勇敢，是一种盲从。知识不仅能够改变一个人的命运，还能够让一个人的管理风格发生转变。笔者发现，越来越多的高学历管理者，他们更能够用最先进的管理理念打理公司，让自己的公司更有生命力。

2. 阅历

阅历需要时间和经验的积累，当然许多年轻有为者可能会"悖于"这一点。但是对于大多管理者而言，人生历练是非常重要的。印度学者吉瑞和桑德拉曾经做过长期的跟踪调查，他们发现：管理者的年龄、阅历和经验的积累，对企业员工的影响力是不同的。就像大作家马尔克斯在《霍乱时期的爱情》里面说的那句话："他们在二十岁的时候没能结婚，因为他们太年轻，到了八十岁，他们还是没能结婚，因为他们太老。"

3. 影响力

一个管理者的影响力，与其分饰的角色数量有关系。举个例子，毛泽东作为共和国的缔造者，他还有这样几个"头衔"，比如无产阶级革命家、著名的战略家和理论家、革命导师等。这些"头衔"，与他生前分饰的不用角色有关。正因如此，这种影响力才能建立起来。就像我们前面所说，一个管理者常常要同时饰演顾问、外交家、调解人、传教士、教练、保姆等角色，当这些角色都能得到员工的肯定，管理者也就有了超级无敌的影响力。

除了这三大因素外，一个人的视野、包容心、道德水平，也影响着领导风格的形成。但是不管如何，只要有带领队伍克敌制胜、实现目标的本领，这种管理风格就是有效的。

弹性领导风格选择原则

世界上没有绝对的事物，只有相对的事物。就拿领导风格来说，命令型领导并非完全视命令为珍宝，并非刚愎自用到不听从任何人的意见；授权型领导，并非会把所有的事情都做授权，自己的事情也会自己去处理，抑或核心、关键问题，交给其他人处理，他也未必放心；教练型领导也有"懵懂无知"的时候，也有解决不了问题的时候，如果真得把自己当成"教练"，恐怕就会疏于管理；顾问型领导，同样也不可能一直以"顾问"的角色出现在管理岗位上……事实上，任何一种管理风格，都有其优势，也有其缺陷。如果扬长避短，发挥其长处，选择一种弹性领导风格，或许才是有意义的。

1. 命令型管理风格的优势

这样的管理者，在布置任务的时候，会强调结果的重要性。言外之意，所有管理都会指向结果。员工明确了自己的任务，才会集中精力去执行。命令性领导的最大优势就在于对命令和结果的重视，并且会亲自监督执行过程，这会让许多想偷懒的员工"毫无空子可钻"。举个例子：西点军校出来的军官，都会采用一种"强令"措施，不会给执行人任何找借口的机会。当然，"强令"下的任务，并不是空中楼阁、难以实现，而是经过科学论证、并结合员工的实际能力，而设计出来的。就算一名员工无法100%的完成，至少也能完成80%以上。命令性管理者还有一大优势，就是交流沟通渠道的问题。这类领导有句名言："有问题就直接找我！"当然，他也会告诉你，这件事应该怎么做，什么时候做合适，需要找哪些人帮忙等。

2. 授权型管理风格的优势

授权的最大特点，就是让管理者自身减负。话说，三头六臂的哪吒只能闹海，七十二变的齐天大圣只能大闹天宫……但是除了擅长武艺，智慧并非是他们的强项。因此，把自己不擅长的事情交代给别人去办理，是聪明之举。充分授权还体现一种"信任"。俗话说，用人不疑，疑人不用。如果信任他，何不授权让他去办理呢？授权，考量一名管理者的胸怀。只有胸怀宽广之人，才能做好授权。授权给员工，员工就有充分的自由度去安排自己的工作。就像一个人，带来镣铐去赛跑，永远也跑不过轻装上阵的。授权让员工享受到自由的同时，还能激发他们的潜力，从而更好地完成工作任务。

3. 教练型管理风格的优势

教练的最大特点，就是给予大量的指导。举个例子：年轻银行员工在处理客情关系方面，或许因为缺少经验，而无意中得罪客户。此时，网点管理者就会以实践经验指导他如何处理客户的问题、维系好客情关系。另外，笔者发现，教练型领导还有一大优势：沟通！通常来讲，一名"教练"在指导工作或者传授经验的过程中，或多或少都会听一听员工的想法。通过交流沟通，消解员工的内心障碍，让他们充分接受指导。笔者记得有位企业家说过这么一句话："员工闹脾气，十有八九是管理者的问题。因此，我们要多多了解，学会倾听。了解事实真相，远比用权力打压更为有效！"

4. 顾问型管理风格的优势

顾问型管理风格，也叫支持型管理风格。简言之，就是一名管理者，游离在员工组织之外，采用一种"低指挥、高支持"的一种管理方法。这种方式，可以营造非常宽松的工作环境。由于缺少干预，更容易让员工展现出自己的才华和创新意识。其次，顾问的第二大优点，是鼓励员工发问。笔者发现，许多员工做工作，总是低着脑袋执行，即使遇到了问题，依旧埋头苦干。其实，这是一件很危险的事情。如果遇到问题，马上请教顾问，顾问就能够及时给予权威答案。如此，执行障碍的问题就解决了。还有一点，顾问型管理风格，是一种"民主"式的管理风格。管理者在里面，并不完全充当决策人，而是与下属协商解决问题。这种方式，是一种"集思广益"的民主管理方式。

弹性风格，就是根据实际情况，选择"优势项"进行辩证管理。就像毛泽东提到的"因地制宜"法，就是一种弹性管理风格。当然，管理者还可以根据企业或银行不同的发展阶段，而选择相对应的管理风格。只有这样，才能让管理者做出高效的、有针对性的管理。

领导风格运用注意事项

中国有个俗语，叫依着葫芦画瓢。意思是指，不假思索地照搬、模仿。事实上，许多人都希望走"捷径"，通过一条捷径，直达胜利。

讲个故事：古代有个人，他叫王五。他是一个鞋匠，但是生意不温不火，他的妻子经常埋怨他道："王五啊，你能不能有点出息？你看人家男人，做什么都赚钱。再瞅瞅你自己，干啥啥不行！"妻子的话如同针扎一样，王五打算丢掉自己的"鞋匠摊子"，另起炉灶，换一个行当。

当时铸铜业非常发达，许多铜匠都成了富翁。于是王五跟妻子商量："要不然，咱们也铸铜吧，我看铸铜挺赚钱的！"妻子同意王五去尝试，甚至典当了自己的嫁妆，为王五筹集了一笔钱。王五模仿他人，砌好化铜用的炉子，又花大价钱买来浇筑用的模具……一切到位，仿佛坐等"渔翁之利"了。当他自信满满打开模具一看，当场就傻了眼！王五做的铸铜，完全就是一堆废铜。

气急败坏的妻子质问王五："我花了那么大的代价支持你铸铜，你就给我这样的交代？到底怎么回事？"

"老婆大人啊，我没有偷工减料，也没有偷懒耍滑，我就是比对着别人的做法进行浇筑的，没想到结果竟然是这样！"王五一脸懊丧。更滑稽的是，王五也是百思不得其解，依着葫芦画瓢，不但瓢没有画出来，甚至连一个大概的轮廓也没有画出。

盲目模仿，能够学到"鹦鹉学舌"的地步，就已经成绩斐然了。世界上有两种方式害人不浅，一种是纸上谈兵，另一种就是生搬硬套。与生搬硬套相近的，就是邯郸学步。模仿别人的姿势走路，而不顾及自己的生理，最后的结果也是如此。因此，管理者在运用领导风格上，一定要小心谨慎，不要过于盲目，也不要操之过急。那么管理者在借用或者使用管理风格的时候，应该注意哪些问题呢？笔者认为，要注意以下三点。

1. 要了解员工的状态

管理的直接作用对象，是员工。如果一个企业或银行内的50%的员工无法接受你的管理方式，那么，这样的管理就是有问题的。举个例子：某企业老板采用一种简单粗暴的管理方式，直接导致大量人才流失；还有一些管理者，管理松散，导致企业效益下滑，许多员工被迫离职，另谋出路。因此，管理者要常常俯身倾听员工的心声，了解员工的需求。另外，还要想尽办法提升员工的工作积极性。比如，采取激励与绩效相结合的办法，建立奖罚机制，恩威并重，才能起到积极的管理作用。

2. 要常常自我诊断

许多管理者，总是习惯性地为他人诊断，而不喜欢自我诊断。就像一名医生，只会给别人看病而不会给自己看病一样！作为一名管理者，要常做自我诊断和自我总结。管理经验，是摸索总结出来的，而不是模仿产生的。另外，管理者应该有自己的"智囊团"，也就是帮助出主意、帮忙"照镜子"的团队。笔者发现，单凭一个人的智慧是很难管理好组织团队的。因此，管理者还要发挥集体优势，借助群策之力解决管理难题。

3. 要建立互信关系

成功的基础，是信任。如果管理者不信任员工，就会处处干预，甚至常常会因为一点小错而大发肝火，打击员工的积极性。如果员工不信任管理者，就会消极怠工、甚至跳槽去其他公司。但是这种"互信"桥梁，往往由管理者搭建。因此，管理者要把沟通放在首位，要把关心爱护员工当做自己的重要工作。爱自己的员工，员工也会爱你。有了信任基础，想必才会让"管理——执行"更加有效。

组织行为大师保罗·赫塞认为："一个好的领导不应只是一个命令者。他在领导和管理团队时，不应使用一成不变的方法，而应随着情况和环境的改变及员工的不同来调整自己的管理方式。"由此可见，用一种弹性管理风格去管理，或许才有积极意义。

第十四章　管理者的优秀特质

一名管理者，要拥有过硬的业务素质、优秀的思想品质、强烈的责任意识、优秀的团建能力和果断的决策能力。另外，一名管理者还要不断学习，提高自我。只有这样，才能做好管理工作。

优秀管理者的五大素质

古人有一句话："大丈夫欲治其国者，先齐其家；欲齐其家者，先修其身；欲修其身者，先正其心；欲正其心者，先诚其意；心正而后身修，身修而后家齐，家齐而后国治，国治而后天下平。"做一个顶天立地的人，也需要不断的学习、修身，使自己能够为所做的一切负起责任。对于一名管理者而言，对自身的要求还要更高一些。

讲个故事：有一个国内大型集团公司的老板，为了让自己的领导技能得到进一步提升，他不惜让出自己的CEO的职位，停薪停职，去游学访问。他认为："只有通过不断学习，才能在人生的道路上不断进步！"

两年时间，他走过欧美十多个国家，并且在某所管理大学做了一年的"旁听生"。这种游学，让他受益匪浅。他的知识得到了增长，眼界得到了开阔，经验也得到了总结与沉淀……甚至在做人方面，他更加宽容，不再善用批评教育的方式对待自己的下属。有一些员工认为，游学归来的老板，像是彻底变了一个人。这种变化，从他的管理中就能体现出来。

后来，这位老板重新接过CEO的管理工作。就像一种久病初愈后的感觉，这位老板不仅在管理方面驾轻就熟，而且管理更加精确高效，员工对他的支持率也创下新高。

一名管理者，只有不断进取，才能让自己的团队更有战斗力。笔者认为，优秀管理者应该具备五大素质。

1. 过硬的业务素质

虽然有个别的管理者是通过家族继承的方式坐上管理职位的，但是这一类管理者，也要具备过硬的管理素养。前面我们说，管理者是前辈，是教练，还是一位德高望重的老师，传道授业解惑也是其职责之一。为人师表者，就必须有过人的本领。如果这位老师，是一位没有真材实料、靠"现学现卖"包装自己的人，一定会露出破绽，被人贻笑大方。因此，拥有过硬的业务素质，才能让自己的属下心服口服。过硬的业务素质包括三个方面：第一方面，有适应管理岗位的专业知识；第二方面，有触类旁通的能力，可以做到管理方面的延伸；第三方面，精通决策、组织、资源分配、沟通等相关知识。

2. 优良的思想品质

前苏联作家车尔尼雪夫斯基说过一句话："要是一个人的全部人格、全部生活都奉献给一种道德追求，要是他拥有这样的力量，一切其他的人在这方面和这个人相比起来都显得渺小的时候，那我们在这个人的身上就看到崇高的善。"如果一个人思想是坏的，人品是糟糕的，恐怕只会产生破坏力。因此，一名优秀的管理者，一定是人品好的、不浮夸的、有包容心的、有公平意识的、能够坚持原则的、真诚勤勉的、有进取心的一个人。

3. 强烈的责任意识

事业心和责任感，决定"管理架构"的结实程度。如果一个管理者没有责任心，遇到事就会退缩，或者"甩锅"给自己的下属，就无法肩负起企业或银行发展的历史使命。教育家邹韬奋认为："自己无论怎样进步，不能使周围的人们随着进步，这个人对社会的贡献是极其有限的，绝不以'孤独'、'进步'为满足，必须负担责任，使大家都进步，至少使周围的人都进步。"只有那些有责任感、不畏困难、以身作则、一丝不苟的管理者，才能给组织注入生命力。

4. 优秀的团建能力

管理者的另外一个身份是组织者，管理者不是哪吒，也不是有"三根毫毛"的孙悟空，一个人不可能做一摊子事情。只有把这些事情交代、分配给其他人，才能把事情做圆满。因此，这就需要管理者，能够发动团队的力量，让每一个人都能发挥自己的本领。俗话说，八仙过海、各显神通。有优秀的团队组织能力，就会发挥最大的管理效力。

5. 果断的决策能力

有一些管理者，总是在危机到来前优柔寡断、拿不定主意。等到危机真得到来，他才拍板……此时发现，为时已晚。在社会高速发展的今天，更需要管理者有着果断的决策力。英国哲学家洛克认为："一个理性的动物，就应该有充分的果断和勇气，凡是自己应做的事，不应因里面有危险就退缩；当他遇到突发的或可怖的事情，也不应因恐怖而心里慌张，身体发抖，以致不能行动，或者跑开来去躲避。"如果一个管理者，在决策方面不拖泥带水，在管理方面也一定是个雷厉风行的人。

除了上述五大素质，管理者还要善于沟通，尊重下属，有卓越的领导力和影响力。只有不断健全自己，才能让自己的管理水平得到提升。

观念成就好领导

讲个故事：有一个生产红木制品的公司，红木工艺品质量一流，曾经远销东南亚多个国家。其红木品牌，还是省名优品牌。市场化以后，该公司的经营出了一些问题，红木工艺品竟然卖不出去了。

此时，有一些人建议公司老总："要不然，我们也学习一下电子商务，借助电子商务平台做销售吧？"但是这个建议被老总一口否决。否决的理由是：传统工艺品应该坚持走传统路线，这是规矩，不能破坏！后来，这位老总进行了进一步解释："传统文化需要传承，有传承才能长期做下去。互联网只是提供一种'快餐文化'，也注定了它无法承载传统的东西。因此，我们还要坚持传统，不能被电子商务所影响。"

因为这个理念，这家公司只能通过传统的方式销售，比如开设门店，发展代理商等。但是互联网时代之下，许多人都喜欢在网站上查看相关"图片"，然后再选择购买。传统营销模式久久不见起色，甚至销售量一直下滑。这位老板终于坐不住了。此时，他才接受了其他人的看法，要求销售员创建网站，尝试网络销售。

后来，这家公司构建了电商平台，甚至还入住了天猫等著名网站，销售量开始慢慢攀升。尝到甜头的老总，感慨万千："我这老观念，真应该改一改了！"

许多管理者，由于自己的认知与眼界，无法跳出自己设定的框架。笔者认识一名银行老行长，他的管理理念就是非常传统的。他认为，管理就是管住人，只要员工听话，一切都好办。这种强硬的管理模式，常常将一些抗压能力较差、脸皮薄的员工，倒逼到角落里面。后来有朋友提意见，让他换一换管理理念。他这样说："我是家长，他们是孩子，如果不能严格管理，他们就会'学坏'，这样岂不更糟糕了？"在这种保守的、高压管理下，许多员工敢怒不敢言，见到他就像见到鬼一样，害怕得不得了。如果换了一种与时俱进的观念，恐怕就不会到如此地步。因此，管理者还要养成四种观念，才能提高管理效率。

1. 求真务实的观念

有一些领导干部，做事虚无缥缈，甚至好大喜功，不能沉下来做管理，反倒把天方夜谭奉为真理。还有一些管理者，喜欢生搬硬套一些所谓的"先进理念"，在运用过程中，常常会造成管理与执行的脱节。不管属于哪一种，这些管理理念都是不可取的。一名管理者，首先是一名追求真理的人。坚持按照规律办事，从实际出发，才能把管理工作做好。求真务实，追求的是真理，追求的是扎扎实实的工作作风。

2. 开拓创新的观念

创新是动力，没有创新，也就没有人类的进步。事实上，许多企业沾了"创新"的光。借助创新，优化了管理、提高了执行力；借助创新，更新了理念，提高了竞争力；借助创新，研发了新产品，填补了市场空白；借助创新，提高了软实力，从而拥有了更加强大的抗击风险的本钱。海尔集团老总张瑞敏说过一句话："创新的目标是创造有价值的定单；创新的本质是创造性的破坏，破坏所有阻碍创造有价值定单的枷锁；创新的途径是创造性地模仿和借鉴，即借力。"

3.顾全大局的观念

舍小家，为大家，是中华民族的优良传统，也是许多领袖、伟人所具备的伟大人格。作为一名管理者，就是"一家之主"。作为家的主人，在大家的利益面前，放弃个人的利益，是一种牺牲精神，更是一种"舍得"！顾全大局是一种智慧，只有自己树立"全局意识"，才能将"一盘棋"的思想传播给组织内的每一个人。

4.廉政自律的观念

有一些管理者，欲壑难填，即使是几块钱，也要装进自己的口袋里。久而久之，就变成了"巨贪"。贪婪是魔鬼，它可以吞噬掉一个人的灵魂，让一个人加速腐败。那些落马的人，都是因为对自己的放松、放纵而造成的。就像一个哲人说："一个人只有两袖清风，物质上无欲无求，才能对组织做出更多贡献！"对于一个管理者，不仅要严格自律，还要常常自省。常常照镜子者，才能发现自己的"污点"，擦掉"污点"。

另外，一名管理者还应该具有不断学习的观念和危机应变意识。只有这样，才能成为一名优秀的管理者。

作风成就好领导

笔者认识一个高管，他身上能够流露出一种文人气息。事实上，这种气息放在管理层面上，并不是一种优势。言外之意，这位高管管理风格偏软，许多员工都不把他放在眼里。当然，这只是工作风格的问题。还有一些管理者，管理风格非常硬朗，工作作风也十分顽强，自然就会流露出一种"舍我其谁"的霸气。事实上，优秀的工作作风可以成就一名好领导，不好的工作作风可以摧毁一名优秀管理者，甚至是一个团队、一个企业。

讲个故事：十几年前，有一个国企。这个国企的老板姓魏，人送外号"大老魏"！大老魏年轻的时候，是一个非常自律的人。出门办事，甚至都尽量不动用公车。正因如此，这个企业的风气非常正派，效益也非常不错。而大老魏也常常叮嘱员工："樱桃好吃树难栽，要珍惜当前的工作职位，感恩自己的企业。"

大老魏退休之后，一个叫"大孙"的人接替大老魏的位置，当上了厂长。这个厂长，也还不错。头脑非常灵活，有很强的市场意识。在他的带领下，企业进行了改制，老国企改头换面，成了一家股份制公司。因为每一名员工都有股份，为了多拿到"分红"，员工的工作积极性又有了大幅度提高。大孙曾经当过兵，管理风格也非常硬朗，作风也十分正派。员工也非常喜欢他、尊重他，把他当做企业的恩人。

大孙一干就是十年，年满六十选择退休。接替大孙的人，姓苟，姑且称呼她为苟厂长。这位苟厂长，虽然年富力强，学历也比前两任高。但是此人作风不好，不仅贪财，而且好色。为了捞钱，他稀释了员工的股份，将自己的股份增加了3.5%。其次，公司所有的大型招标项目，几乎都是苟厂长介绍进来的关系户。另外，这位苟厂长还在外面包养情妇，其妻子多次来公司闹事……几乎沦为茶余饭后的"娱乐话题"！有人说，如果一个领导被众人消费，一定是作风出了问题。俗话说，上梁不正下梁歪。苟厂长的班子成员，也学着像他那样捞钱，不顾及员工利益和集体利益。不到五年时间，这个年销售额十个亿的公司竟然关门倒闭，致使1500多名员工下岗。

司马光有句话："由俭入奢易，由奢入俭难！"如今，有一些管理者拿到高薪，过着"人上人"的生活。作风腐败堕落，灵魂早已经被钱和权绑架了。还有一些管理者，刚刚上任没多久，就品尝到"权力"的甜头，于是变本加厉控权、控权、再控权，恨不得马上变成天王老子。还有一些管理者贪恋女色，甚至还遭到竞争对手的算计。古人也在劝这些人："劝君莫惜金缕衣，劝君惜取少年时。有花堪折直须折，莫待无花空折枝。"意思是说，要学会珍惜，不要沉迷于权色，只有抓住大好机遇，才能实现自己的价值。

事实上，绝大多数的部门、单位都在抓"作风建设"，甚至把"整顿工作作风"当做一个重要的任务。作为一名"掌门人"，首先，自己要有良好的工作作风。《菜根谭》里面有这样一句话："青天白日的节义，自暗屋漏室中培来；旋转乾坤的经纶，自临深履薄处缲出。"其次，一个管理者，要懂得磨砺自己。所谓"磨砺"，就是用危机、困境来磨练自己的人性，能够让自己拒绝各种诱惑，在权力、金钱之间，孑然一身。只有自己是干净的，才能要求自己的属下，如果自己都是脏的，别人又如何听你的话呢？

古人言：穷则独善其身，达则兼济天下。一个管理者，当以志存高远，不要盯着自己的私利。只有勤政廉洁、道德当身的管理者，才能带好队伍，成就一个好企业、好银行。

提高管理者素质的重要途径

有一位企业家说过一句话："许多管理者在吃老本，认为'老本'是金山，一辈子也吃不完！事实上，当你在吃老本的时候，你就已经黔驴技穷了！"老本不经吃，也不能吃。就像米缸里的大米，如果天天吃米，而不往里面续米，米缸早晚要被吃空。真到了这个地步，米缸变成废米缸，就失去了意义。"米缸"就是管理者，只要不断"续米"，才能让自己体现价值。

美国前总统约翰·肯尼迪认为："领导力和学习能力对每个人都是必不可缺的。"对于管理者而言，更是不言而喻。著名将军艾森豪威尔的言论更加有趣，他说："你不能靠拍人家头而领导别人，那是侵犯，而不是领导力。"如果一名管理者把"权力"当成管理武器，凡事都用权力去控制，最后的结果是"失控"！管理是门艺术，还是一门综合性的学问。它涵盖心理、社会、经济、伦理等，只有综合提高自己的能力，才能提高自己的管理水平。因此，管理者要借助一些途径不断完善自己。

1. 自学

事实上，许多有志之士，都是通过"自学"成才的。这方面的案例很多，笔者就认识这么一位老行长。这位老行长，五十多岁。因为年代问题，他学历不高。大学学历还是后来上的成人教育。走上领导岗位之后，由于工作时间的问题，他很难挤出时间参加系统的成人培训，只能通过自学方式，提高本领。他自学三样东西，学金融、学文件、学管理。银行属于金融行业，学好金融，就是学好专业。只有专业扎实，才能做到"内行人做内行事"。学文件，就是学习精神，领悟精神意旨。只有这样，才能把上级指示准确传达下去。学管理，就是丰富自己的管理技巧，让管理更加有效。通过自学，这位老行长带领的银行，连续三年被评选为省十大支行。

2. 上学

如今，各种各样的"班"完全可以满足管理者的相关需求。比如，有外汇业务的银行，有些管理者就去报名学习英语；有投行业务的银行，有些管理者就去学习风投或者投资。这种班，有短期的，也有长期的。较为系统的"班"，是长期专业培训。比如参加大学的MBA或者EMBA班。笔者称呼这种"系统班"为上学，言外之意需要占用部分工作时间，来提高自我。虽然大多数管理者工作繁忙，但是牺牲部分时间去"上学"，也是值得的。

3. 培训

琳琅满目的各色培训班甚至比"上学"还要方便。如今，许多银行网点都外聘培训师对网点的干部员工进行专业培训，培训"点"也非常多。例如，沟通培训、价值倍增培训、提高执行力培训、抗击金融风险的相关培训、领导力培训等等。利用上班或者闲暇时间，多参加学习班的培训，是非常有意义的。这样的培训，时间短，针对性强，可以短时间内快速提高一个人的单方面能力。这种快速"充电"法，不仅有效，而且效果显著。

4. 拓展

笔者有幸见到过一个管理者为自己安排的"拓展计划"。所谓"拓展"，就是一种"体验式"培训。许多城市都有业内精英开设的"拓展班"。世界上最有名的拓展培训学校OUTWARD-BOUND，有一句校训："激发自尊、帮助他人、服务社会、放眼未来。"人们通过拓展，不仅可以学习到丰富的知识，而且还能学会调节、控制自己的情绪，能够站在他人的角度思考问题。拓展是一种"实效"学习方式，它注重体验，可以让参加拓展的人通过体验"悟"出人生的真谛。另外，拓展还可以快速提高一个人的"管理团队"能力，也是一个非常好的自我提高的途径。

5. 交流

大作家托尔斯泰有句名言："与人交谈一次，往往比多年闭门劳作更能启发心智。思想必定是在与人交往中产生，而在孤独中进行加工和表达。"管理者多参加一些有意义的交流会，也是非常有意义的。古人云：听君一席话，胜读十年书。多与"成功者"和"智者"交流，同样会茅塞顿开，受益匪浅。

列宁认为："我们一定要给自己提出这样的任务：第一，学习，第二是学习，第三还是学习。"书山有路勤为径，这条"径"就是通往成功的康庄之路。

PART5
管理者的具体职责与管理方法

企业即人，管理的核心，也是管人。这句话，我们不能片面地理解成，通过管理手段和洗脑方式，约束员工的自由，让员工无条件地服从管理。如果这样做，这是一种非人道的、甚至是"纳粹行为"！作为一名企业、商业银行总行、分支行、网点的管理者，讲究管理艺术，辅导员工，激励员工，发掘员工的潜能，提高员工的主动效能，体现公平，展现人文，才能让企业或银行有更好的发展。

第十五章　网点员工管理方法

员工是一个企业或银行的财富，因此管理者要重视员工的需求、期望值，给他们营造成长的空间。就像园丁对待花草、老师对待学生那样，才能让他们为组织创造更多的财富。

员工是帮手，还是"资源"

众所周知，管理的核心，是人。管理，等同于管理人。有一些管理者认为，员工与自己之间的关系是一种简单的"雇佣"关系。一开始就产生了这种认知，就会在管理过程中掺杂进一些"歧视"的成分在里面。笔者认为一名管理者，他总是不把员工放在眼里。他认为："现在富裕劳动力有很多，难道还找不到一名适合公司的员工吗？"正因为有这种用人观念，这家公司几乎招不到"人才"。纯粹的雇佣关系，让管理者与员工的关系变得简单粗暴。这种只有利益没有情感的关系，也是不会长久了。

讲个故事：在东南亚，有一对双胞胎兄弟创办了一家服装公司。哥哥负责经营，弟弟负责生产。两个兄弟虽然是一奶同胞，但是性格、管理理念、用人方式竟大相径庭。

负责经营管理的哥哥，坚持"用人不疑、疑人不用"的原则，对待自己信任的人，他会给他相当大的"自主权"。这位哥哥的言论是："信任是基础，合作才能共赢。"负责生产管理的弟弟，则采用一种"高压管理"方式。如果有员工没有保质保量完成任务，轻则被罚款，重则被直接开除。这个弟弟，被许多员工称呼为"魔鬼"，并常常打趣道："我们是在为魔鬼服务。"

截然不同的用人态度，也完全形成了两种局面。哥哥的属下，忠诚度高，甚至常常主动申请加班。弟弟的属下，有许多忍受不了他的臭脾气，选择离职或跳槽的人也有很多。有一次，哥哥劝弟弟："员工不仅是人，还是公司的财富，要好好对待他们。如果我的属下被我赶走了，他会带着公司的资源一起离开我们，然后就会投奔我们的对手……这不是搬起石头砸自己的脚吗？"

由于选择离职的人很多，这个公司的生产状况，一直不能开足马力进行生产。或许意识到自己的问题，负责生产管理的弟弟决定像他哥哥那样，转变一下管理观念。一年之后，这家公司的生产力得到了大大提升，员工不仅态度积极，而且也解决了弟弟的"心头大患"。

如今，企业与企业之间的竞争，各大银行网点之间的竞争，是非常激烈的。市场的竞争，归根结底还是人才的竞争。有人说，一个人才就可以创造无限财富。拥有这样一群人的组织，一定会有极强的市场竞争力。换成另外一句话讲，人才就是企业的财富。作为一名管理者，我们应该如何对待企业的"财富"呢？笔者认为，应该做好两个方面。

1. 把自己当成仆人

管理是一种智慧，还是一种艺术。管理的基础，就是把自己当成仆人，摆正自己的位置。美国通用汽车前总裁阿尔弗雷德·斯隆说过一句话："最后，或许也是最重要的教训：专业经理人等于仆人。职权不赋予特权，但赋予责任。"把自己当做"仆人"的斯隆，对待自己的员工，就像对待亲人一样。即使遇到清洁工或者电梯工，他都会主动向他们打招呼，甚至还会伸出援助之手。正因为如此，斯隆先生执掌通用汽车二十五年，留下了非常好的口碑。与斯隆不同的是，另外一位汽车大王亨利·福特对待自己的员工，却存在一种偏见，甚至还常常向员工抱怨自己的不满："我雇佣的不就是你的一双手吗？"

2. 把员工当成主人

笔者非常欣赏一位企业家的话，他认为："在企业里，员工是主人，而我，只是为他们提供'配套'服务！"这是一种管理境界，更是一种以人为本的管理方式。许多企业高呼，员工是"台柱子"，是"灵魂"，但是真正把员工当做"财富"的管理者，却寥寥无几。真正把员工当成主人，员工才能感受到老板和企业的诚意，才会逐渐产生归属感和忠诚感，把企业当成自己的家。设想一下，如果员工把自己当做企业的主人，就会产生一种责任意识，对待自己的岗位和工作，就会更加认真、积极。

企业即人！松下幸之助用一生的经验告诉我们："最成功的统御管理是让人乐于拼命而无怨无悔，而实现这一切靠的不是科层制，也不是强制。而是取得对方的信任。"

重视员工的期望值

员工是一个企业的财富，这种财富既是"有形"的，也是"无形"的。但是这种"财富"只有在期望值被满足的情况下，才能得到有效地挖掘和释放。有一些管理者似乎认为，只要不拖欠员工的工资，就可以实现这种管理目标。事实上，这种想法是毫无根据的。

讲个故事：有一个建筑工程公司，承建某市一项重点工程。如果能够顺利做完这个工程，这家公司可以获利三千万元。该建筑公司的老板姓冯，从事建筑行业二十年。此人信誉、口碑还算不错，从未拖欠过工人工资。但是正值炎炎夏日，许多工人都因此中暑。有一个工头向冯老板建议：能否为工棚里的工人改善一下条件，安装空调，发放一点高温补贴？但是这位冯老板并没有答应工头的要求，反倒说了这么一句话："你们的工资我也没有少给，像你提的这种建议，自己内部解决就好了！至于高温补贴？你听说过有几个公司发放高温补助的？"

冯老板的这番话让工头有些伤心。回到工棚，他便对其他工人说："咱们的老板是不会管我们的死活，他只在乎这个工程！"

"其实早就看出来了……我都打听了，其他公司都给发放高温补助，高温补助虽然只有几十块钱，但也是老板的一点心意！我看，这样的公司，以后不干也好！"许多工人也跟着发起了牢骚。

除此之外，这位冯老板连降温饮料也没有提供，丝毫没有顾忌到夏日施工的难度和严峻性。后来，有一名工人中暑，从脚手架上掉了下来，摔成重伤。这件事也成了"罢工"的导火索。工人集体罢工一周，不仅耽误了施工进度，甚至还让冯老板赔了一百多万。冯老板无奈之下，只能选择妥协，不仅给工人发放高温补贴，而且在工棚里安装了空调，改善了工人的工作、休息环境。

有这么一个统计数据，42%员工入职不到三个月，因为无法达到工作期望值，而选择辞职。这个数字高得惊人，甚至许多企业面临严重的"用工荒"！造成"用工荒"的主要因素，就是公司无法满足员工的内在需求。那么员工的期望值都包括哪些呢？简单来说，包括员工的工资、福利、工作的舒适程度、晋升平台、以及能否得到尊重。这种期望值，有外在的，也有内在的。许多企业老板认为，物质可以满足一切。事实上，物质只能解决一部分问题。另外一部分问题，属于情感因素。因此，只有物质上、情感上都能够达到员工的要求，解决了员工的诉求，才能让管理有效、执行有效。

1.物质方面达到员工诉求

员工工作的第一目的，是为了赚钱。如果一个公司存在拖欠工资等问题，就会引起员工的不满。因为拖欠工资，许多员工甚至把公司告上法庭。因此，管理者不管在怎样的情况下，只要员工保质保量完成了工作，就应无条件地支付员工的工资。另外，许多企业、商业银行采取"绩效工资"制度，完成度好，员工的收入也会有明显提升。"绩效工资"的管理方法，似乎也成为许多管理者使用的管理武器。另外，适当的"福利"也会提高员工的工作积极性。以南方某商业银行为例，这家银行的管理者，每年分批次组织员工外出旅游。年底发放的"福利卡"，也是非常实惠的。因此，这家商业银行经营效益非常好，员工工作干劲也非常足。

2. 精神方面达到员工诉求

一个人的精神追求，有两个层面。第一个层面，是自己得到尊重；第二个层面，是自己实现价值。因此，一名企业管理者要在"尊重员工"和"为员工提供晋升平台"这两方面，多做一些工作。台湾作家刘墉说过一句话："帮助人，并给予对方最高的尊重。这是助人的艺术，也是仁爱的情操。"尊重，是一种智慧，一种帮助。尊重是相互的。员工得到老板的尊重，自然也会尊重自己的老板。另外，老板能够为员工提供"梦想舞台"，能够让他们实现自己的价值，就会得到员工的感激和回报。

笔者记得有一位老总说过一句话："有时候，管理者只是一个'搭戏台'的人，灯光、道具准备好了，员工才能登台表演。"事实上，只有满足员工的诉求和期望，才能让员工释放自己的价值。

人力资源管理的"三大目标"

　　企业、银行要想发展，离不开一群有责任心、有热情、能够肩负使命的员工。员工不仅是财富，更是企业航母的"发动机"和"燃料"。笔者记得一位企业家说过一句话："如果无法让员工实现自己的梦想，这个老板一定是失职的！"企业是个"梦工厂"，管理者是"梦工厂"的管理人。因此，管理者要成为员工的"梦想导师"，帮助并鼓励他们，成为"梦工厂"的代言人。

　　讲个故事：有一个叫斯蒂文的老板，经营着一家软件公司。公司一共有70多个人，这些人来自五湖四海，而且都是业内精英。斯蒂文说过一句话"如果我待他们不好，他们离开我这里，马上就会被高薪聘请。因此，管理工作的头等大事，就是要想方设法留住他们！"

　　为了留住这些人才，斯蒂文想了不少办法。物质方面，斯蒂文给他们业内"高薪"，虽然这样的"高薪"还达不到业内顶薪，至少有很大的诱惑力。另外，斯蒂文特别重视各种奖励。员工表现的好，或者攻克一个软件，都会得到不错的奖励。这种奖励有三种，第一种是发福利。除了过年之外，许多传统节日，都会有"节日礼"。第二种是奖励旅游。举个例子，该公司攻克一个软件之后，斯蒂文分几批奖励员工去"新马泰"。第三种是发奖金！斯蒂文说，一名能够取得突出成绩的员工，年终奖可以拿到十万元。因此，"三大奖励"起了非常好的作用。斯蒂文的公司，几乎没有人才流失的现象发生。

另外，斯蒂文还是一个非常善于打"攻心战"的人。所谓管理，"攻心"为上。斯蒂文常常与员工沟通，甚至每个月还会拿出一天时间，请员工聚餐。这种"软管理"效果明显，大多数员工都愿意奉献出自己的宝贵时间，用加班的方式支持斯蒂文的工作。因此，这家70个人的小公司，竟然可以创造过亿元的年销售额。

钢铁大王卡耐基说过一句话："带走我的员工，把我的工厂留下，不久后工厂就会长满杂草；拿走我的工厂，把我的员工留下，不久后我们还会有个更好的工厂。"把员工当做财富的领导，才是真正的管理高手。做好人力资源管理工作，对整个企业都有巨大的意义。因此，管理者要重视人力资源，并且还要实现人力资源管理的"三大目标"！

1. 吸纳人才、留住人才

俗话说，铁打的营盘流水的兵！这句话，对于企业或银行而言，不是一件好事。笔者认为，一名员工，带着一种"资源"属性。这种"资源"，可以为企业创造财富。如果一名员工辞职，就会去"竞争对手"的公司里上班。除了留住人才，还要想尽一切办法吸纳人才。南方有一个大型企业，曾经高薪聘请有技能的复合型人才，不仅开出诱人的条件，而且还提供最好的平台。

2. 充分调动员工的工作积极性

如今，许多企业有激励机制，而且能够善用激励，提高员工的工作积极性。但是有一个问题值得反思。曾经有企业管理者，长时间使用激励政策，但是却没有起到很好的作用，原因是什么呢？后来，这位管理者才总结发现，只有正面奖励、没有负面奖励的激励机制，是不行的。所谓"恩威并重"，就是要将正面激励和负面激励相结合，只有这样，才能充分调动员工的积极性。

3. 优化人力资本

1960年，美国著名经济学家西奥多·舒尔茨提到一个"人力资本"理论，他认为："人口质量和知识投资在很大程度上决定了人类未来的前景。"对于一个企业而言，人力资本就代表着企业的硬实力。因此，舒尔茨讲到："投入与产出之间增长速度之差，一部分是由于规模收益，另一部分是由于人力资本带来的技术进步的结果。"对于一个企业而言，管理者首先要让每一名员工能够出现在最合适自己的岗位上。其次，要鼓励员工创新，只有创新，才能推动企业发展。另外，优化人力资本，就要为员工打造学习的平台。员工学好习，综合能力得到提高，人力资本也就能得到优化。

人力资源就是一种财富资源。对于管理者而言，做好人力资源管理工作，才能让企业或银行更有市场竞争力。

"对事不对人" 的管理

讲个故事：有一个年轻人叫小张，他在某文化传媒公司上班。小张是传媒大学的毕业生，专业能力也很强。但是小张来到这个公司，似乎有点施展不开。原因有两个方面。第一个原因，公司给小张安排的岗位工作，与专业无关。第二个原因，小张的主管领导似乎非常不近人情。

有一次，小张因为整理员工档案的问题，被主管上司一顿猛批。小张十分委屈，他说："通常档案都是这么整理的，况且我也没有出错，干嘛朝我发这么大的脾气？"

事实上，那个主管经常向小张发脾气。有人偷偷告诉小张，这位主管"更年期"，不要轻易惹他，他完全就是一个对人不对事的人。因此，小张只能小心翼翼工作，万一得罪了他，更是没法收场。但是后来，小张又得罪了上司，上司又向他开炮了。开炮的理由很荒唐，只是因为工装没有挂烫整齐而已。后来小张忍无可忍，直接向上司提交了辞职书。

现实中，许多管理者都是对人不对事的管理。不管你工作如何出色，似乎都会挑几个毛病出来。有一个管理者解释这个现象，他认为：一定是员工的工作没有令他满意，所以他才会发火。但是这位管理者还强调，这样的"火气"一定要控制，如果伤害到员工的自尊心，就会起到反作用。所以在管理中，他强调"对事不对人"的管理。

职场是一个"名利场"，不管是员工还是管理者，都在为了"名利"奋斗。在管理工作中，一个管理者难免有几个自己的"心腹"，也会有几个所谓的"敌人"。或许在管理过程中，管理者会因为沟通不畅等问题，与员工发生冲突。如果将这种"工作冲突"演变为个人仇恨，就会把管理问题复杂化。事实上，有效管理要竭尽所能地排除个人情感因素，让管理变得简单、纯粹。那么管理者应该如何处理与员工的这种特殊关系呢？笔者认为，要做好三点。

1. 要简化关系

简单来说，老板与员工的关系，就是一种简单的管理与被管理的关系。老板发出指令，员工接受指令，然后以结果为目标，落实指令。既然如此，管理与被管理的维系点是"工作"，而不是"工作"之外的事情。如果一名管理者带着偏见和有色眼镜去管理，就会让员工感到不舒服。因此，管理者要把员工当做工作上的伙伴，简化这种关系。尤其要摘掉自己的有色眼镜，更不要把个人情绪带到管理工作中。

2. 要有大局观

古人言，得民心者得天下。如果一名管理者，得不到员工的支持和响应，就会变成"孤家寡人"。一位志存高远的管理者，一定是一位不拘小节、胸怀宽广之人。如果因为"一根葱"、"一头蒜"这种芝麻绿豆大的小事上浪费自己的工作时间，这位管理者的管理生命，也就到头了。因此，管理者要有一种大局意识和大船思维。管理，就是要以结果为导向。只要能够实现既定目标，难道还不能"相望一笑泯恩仇"吗？大度一点，看得长远一点，就不会把自己的眼睛局限在某一个人身上。

3. 要多做沟通

仇恨是如何形成的呢？两个原因，一个是心结，另一个还是心结。两个心结搭在一起，就会形成一个"死扣"！解开心结的最好办法，就是多做沟通。笔者认识一位企业管理者，他几乎每一天都会下到基层，与基层员工进行沟通、交流。这位老板，甚至还与自己的员工"称兄道弟"，员工都非常尊重他，爱戴他。正因如此，这家企业的效益好，而且有非常好的人文环境。一名优秀的管理者，通常也是一名沟通达人。沟通不仅能够交换心灵，更容易打开内心的心结。了解了事实真相，再去做安排和指示，就会更加有效。

除了以上三点，管理者还要坚持原则，按照科学规范的管理流程去代替"磨练人性"的私人管理。因为一个人的主观意识，常常能够毁掉公平。只有在管理中"扶正"公平，才能让员工适应并认可这种管理。

明确对员工的责任要求

　　管理二字，如果拆解开，就是管与理的结合。管，就是要管住自己、管住员工，让所有人都能够约束在自己的岗位上，认真工作、提高执行力。理，就是梳理、优化所有"管"的工作。如果一名管理者，只去管，而不去理，就会出问题。另外，管理者还要明确对员工的责任要求。笔者发现，许多员工"无所事事"。这里的"无所事事"并非自己的原因，而且缺少责任要求。尤其在一些地方国营企业，这种问题会比较突出。员工明确自己的工作目标和方向，才知道如何行动，如何发力。

　　有位企业家说过一句话："管人，不是借助手上的权力，而是借助制度、责任、绩效目标去管。"因此，越来越多的现代企业，会把"岗位责任制度"制定的非常详细。甚至有的企业，在员工上岗之前，会签订"岗位责任书"。有了这份协议，员工就会按照"协议"规定，严格执行自己的工作。通常来讲，岗位责任制度要符合三个原则。第一、因才定岗。许多企业，坚持"用人所长"的用人观，就会让合适的人出现在合适的岗位上。比如，有些人性格外向，擅长交际，就会安排到经营部门工作。这样管理用人，才能起到人尽其才的目的。第二、责任与权力相统一。简单来说，一个人要为自己的工作行为负责到底。这句话，要体现在岗位责任制度里。第

三、绩效考核。绩效管理是最常见、但又最管用的一种管理方法，它既有鼓励，又有惩罚，可以起到"论功行赏、依过惩罚"的作用。岗位责任制度，可以很好地确保员工在岗位上的实际工作状态。如果违反了岗位制度，就会受到相关惩罚。

其次，还要坚持对员工进行培训。举个例子：有一家企业的生产车间，因为生产方与相关责任方互相推诿扯皮，导致生产设备严重损坏，给这家企业造成了"灾难性"的损失。后来，企业老板开事故分析调查会，终于发现：不是责任划分不够明确，而是缺乏相应的责任意识。事实上，这种现象非常常见。员工责任心不强，缺乏对企业、组织的责任感，更多因素还是管理者的问题。因此，管理者要加强对员工的"责任意识教育"，还要长期、定期对员工进行责任意识培训。列夫.托尔斯泰认为："责任心将决定家庭、生活、工作、学习的成功和失败。"加强相关培训，就能够让员工认识到责任心的重要性。

再次，管理者在明确员工责任的同时，自己也要明确自己的责任。就像一句话："如果你只要求别人做，而自己却做不好，又有什么脸面去管理、教训别人呢？"笔者认识一名企业老板，此人几乎很少出现在公司里。做管理，几乎采取"遥控指挥"的方式。但是，对待管理结果，他却非常苛刻。他认为："老板下命令，员工就应该无条件执行。"这句话听上去，似乎没有问题。但是结合这位老板的实际工作行为，你就会认为上面那句话，完全是一句不负责任的话。有一位员工这样想："老板都没有责任心，凭什么要求我们要对企业负责呢？"上梁不正下梁歪，想要改变管理现状，管理者也要有强烈的责任感。一个能够对组织、下属都能负责的人，才具备成熟的管理条件。

武汉有一个老式建筑叫景明大楼，1917年由一家英国的设计公司设计而成的。八十年后，也就是1997年的某一天，这座八十岁高龄的老建筑突然收到一封越洋复函，函中写道：景明大楼是我公司于1917年设计建造，建筑设计寿命为八十年。如今建筑已到期，请各位业主注意。短短的一封"函"，却凸显这个英国设计公司的强大责任心和使命感。对于现代的诸多管理者而言，传承"责任"、建立与"责任"相关的企业文化，同样也是一件非常重要的工作。

　　管理是企业的血液，责任是企业的筋骨。一个可以让企业维持生命，另一个则可以让企业更加坚不可摧。著名心理学家维克多·弗兰克认为："每个人都被生命询问，而他只有用自己的生命才能回答此问题；只有以'负责'来答复生命。因此，'能够负责'是人类存在最重要的本质。"

尊重员工，才能留住员工

尊重员工是一句老生常谈的话，似乎挂在嘴边，就可以做到。尤其对于那些"身经百战"的管理者，早就把"尊重员工、爱护员工"当做一种管理手段。我们知道，著名心理学家马斯洛提到过需求层次论，他在《人类的动机理论》一书中写道："要生存，他的需要能够影响他的行为。只有未满足的需要能够影响行为，满足了的需要不能充当激励工具。人的需要按重要性和层次性排成一定的次序，从基本的到复杂的。当人的某一级的需要得到最低限度满足后，才会追求高一级的需要，如此逐级上升，成为推动继续努力的内在动力。"对于一名员工而言，第一个需求是工资收入，当收入得到满足，才会考虑自身的工作安全、归属感、被尊重、个人梦想。其中，"被尊重"是一个非常重要的因素。它几乎成为连接普通需求与高级需求的"通道"！因此，马斯洛在"需求层次论"一文中特别强调："尊重需要得到满足，能使人对自己充满信心，对社会满腔热情，体验到自己活着的用处价值。"

讲个故事：有一个连锁酒店的老板叫贝尔蒙，他非常尊重自己的员工。甚至连从事保洁工作的临时雇员，他都会对他报以微笑和温暖的问候。

有一年，天降大雪。贝尔蒙从外地回到酒店总部。他的办公地点位于23楼的一间房子。他上了电梯，然后急匆匆地上了楼。当他快要走到办公室门口的时候，贝尔蒙发现自己在干净的酒店走廊里留下一串黑色的足迹。于是，贝尔蒙脱下外套，竟然亲自拿起清扫工具做起了保洁工作。

此时，一名保洁员看到了。他赶紧走上前，对贝尔蒙说："贝尔蒙先生，这是我的工作，您交给我处理吧！您一定还有要紧事要处理。"

"我不能因为自己的问题而增加您的工作量！我当前的工作，就是要把这件事处理好！谢谢！"贝尔蒙用了30分钟的时间，才清理完自己的足迹。而那位保洁员，却深受感动。他还清楚的记得上一次，贝尔蒙先生为他递毛巾的事。

贝尔蒙热爱自己的员工，尊重他们的想法和选择。他认为："如果没有尊重，也就不会有信任与合作。"管理者与员工的关系，既是一种上下级之间的关系，还是一种互惠合作的关系。

惠普公司创始人戴维·帕卡德认为："一家公司有比为股东挣钱更崇高的责任，我们应该对员工负责，应该承认他们的尊严。"尊重是一种智慧，更是一种人文魅力的体现。当下，许多企业打着"以人为本"的旗号，但却没有把员工当做企业的财富。甚至有企业主认为："薪水就是一份尊重！"事实上，薪水只能够满足员工的基本需求，而其他四个维度的需求，却无法实现。因此"有钱能买我乐意"这句话，是不准确的。IBM的掌门人小托马斯·沃森在《商业及其信念》一书中写道："IBM经营哲学的大部分都集中在其三个简单的信条当中，我要从我认为最重要的那一条说起，那就是，我们对每个人都要尊重。尽管这只是一个很简单的理念，但IBM为了实现这条理念，确是耗费了大部分的管理时间。我们在此投入了比做其他任何事情都要多的精力。实际上，这一信条在我父亲的脑子里就已经根深蒂固了。"后来，他又补充道："我们几乎每一种鼓励措施都是用来激发人们的热情的，我们早先强调人际关系并非受利他主义的影响，而是出于一条简单的信条——如果我们尊重员工，而且帮助他们自尊，这将会使公司的利润实现最大化。"

尊重，有两个层面的内涵。对内，尊重是一种"自尊"；对外，尊重是一种"尊敬"。给员工一种尊重，不仅可以满足员工的自尊心，而且还可以让员工得到心灵上的慰藉。因为得到了尊重与肯定，员工才能够表现出自信、积极、有进取心和好胜心，从而才能实现自己的价值。就像哲学家叔本华所言："要尊重每一个人，不论他是何等的卑微与可笑。要记住活在每个人身上的是和你我相同的性灵。"

第十六章　目标管理与执行

> 如果一个企业或银行没有奋斗目标，就像一艘船迷失在海洋。因此，一个管理者，要给企业或银行设定目标，还要借助目标管理方案，帮助企业和银行实现目标。

目标管理的 SMART 原则

某大学曾经做过一个实验，这个实验是这样的。由一位教练发出指令，要求参加实验的50名学生做好一件事。首先，教练要求学生拿出一张纸，然后要求学生闭着眼睛按照一步一步的提示去折叠这张纸。其次，当纸按照要求折叠完毕的时候，教练要求学生在纸的右上方撕一个三角形。最后，所有的学生睁开眼睛，打开手里的纸张。实验结果发现，50名学生得到的"图形"都不尽相同。通过这个实验，反映出一个问题：不同的人对待同样的指令，也会做到不同的结果。如果管理者仅仅只是做出一个指令而希望员工完成同样的质量，恐怕是无法实现的。因此，管理者不仅要会下命令，还要在指令的前面加上一个目标。有目标的指令，才能让员工的执行有目标。

1954年，管理大师彼得·德鲁克在《管理的实践》一书中提到了一种管理方法。这种管理方法可以提高员工的工作能效，让管理变得更加精准。这个管理方法叫SMART原则，由五个方面组成。彼得·德鲁克认为，工作与目标的关系，是先有目标，才能确定员工的工作。如果员工不能明确自己的目标，就会低着头前进……甚至如同老牛耕地，自己到底做了多少工作、创造多少价值，都不得而知。如果有了一个目标，管理者再将这个"总体目标"细致分解给每一名员工，就能够借助"绩效考核"，将组织任务转化为具体效益。那么什么是SMART原则呢？

1. Specific

Specific就是SMART的首字母，意思是明确的。有一些企业，给员工下的任务指标，总是模棱两可。1也可以，2也行，甚至3也可以商量。总之，员工做到哪儿，目标就到哪儿。还有一些目标，过于"笼统"，或者是一个泛化的、无法衡量的目标。比如，某企业要求三年内上市。这样的目标，就很难去界定，也无法在程度上要求员工去做。因此，Specific就是让管理者给出一个精确的目标，可以进行评判的目标。比如月计划销售额实现一千万，比如将客户投诉率控制在2%以内等。

2. Measurable

Measurable是SMART的第二个字母，意思是可以衡量的。也就是告诉管理者，给员工布置的任务目标，是一个带着方向的矢量值，而不是一个不能衡量的概念。举个例子：登山，攀登珠峰，就是登上8844米的地球之极，8844就是一个具体的数字。除此以外，这个矢量值还可以衡量工作进度。比如一个银行的月目标是1000万元，销售额在月中旬完成了600万，也就完成了总目标的60%。有了可以衡量的数值，就会督促员工在剩余的时间内完成所有的任务。

3. Attainable

Attainable是SMART中的第三个字母，意思是能够实现。如今，有一些管理者好高骛远，不切合实际，给企业制定比"蓝天"还高的目标。这样的目标，恐怕就是"航天员"也难以完成。因此，管理者要结合实际，根据市场状况和员工自身的能力，去制定目标。其次，管理者还应该为员工适当减压，让员工能够以良好的工作状态去工作，这样才能取得效果。

4. Relevant

Relevant是SMART中的第四个字母，意思是相关联的。就像老师为学生布置作文题目，给予的相关资料也应该是与题目相关联的。比如，你让一名员工去做营销，结果却安排他参加"生产技术培训"，就会让整个管理失效。因此，管理者要让目标和员工的岗位相结合、让目标与员工的能力向结合。关联度、匹配度越高，越容易发挥管理效力。

5. Time-bound

Time-bound是SMART中的最后一个字母，意思是有时效的。古人云：明日复明日，明日何其多，我生待明日，万事成蹉跎。如果没有时间限制，就会滋生懒惰，让人一天一天的拖延下去。大诗人陶渊明则勉励后人："盛年不重来，一日难再晨。及时当勉励，岁月不待人。"甚至连巨匠莎士比亚也在强调："抛弃时间的人，时间也抛弃了他。"管理者制定目标，一定要有一个完成期限。比如月目标、季目标、年目标等。有了时间限制，员工才会珍惜时间，充分利用时间，成为时间的主人。

SMART原则是一种目标管理方法，但是它同样强调员工的积极作用。毕竟，一个企业、银行，如果离开了员工，就如同汽车失去了"发动机"，再也无法行驶。

目标计划：短期与长期相结合

世界上有三种人。第一种人，只有短期目标。他们认为，世界变化太快，最务实的做法，是走一步看一步，就像爬台阶一样。当然，这一类人并非目光短浅，而是一种习惯或者做法而已。第二种人，他们有人生的长远目标。比如，有的人，希望取得巨大的成功，成为一名优秀的管理者。对于实现这样的目标，有着极大的挑战性和风险性。还有一些人，则是将短期目标和长期目标相结合。或者说，他们把长期目标分解成若干个阶段性目标……比如企业家王健林为自己制定的"一个亿"的小目标和建设"文化商业帝国"的大目标。对于企业而言，管理者应该坚持短期与长期相结合的目标计划进行管理。或者说，短期目标是一种具体的行动，长期目标更像是行动指南。

讲个故事：有一个手机制造公司，他的老板有着非常崇高的目标。他希望自己的公司，可以在十年内完成对韩国三星公司的超越。这个目标，似乎看上去有些过于虚无缥缈。当然，除了这个远大的目标，他的第一个短期目标，是实现手机500万台的销售量。

为此，这个老板从其他公司"挖"来不少业内高手，在手机上市之前，就早早铺设好了销售渠道。他认为，只要手机一上市，就会赢得消费者的青睐。这个手机制造公司，主打"高性价比"手机。所谓"高性价比"，就是配置高、价格低、系统优化好、运行稳定。事实证明，这位老板拥有超强的市场洞察力。该手机刚刚上市，就卖掉了一百万台。

不到一年时间，五百万台的销售目标已经实现，甚至许多人都为此感到震惊。这位自信的老板再次走进众人视野，然后重提两个雄伟的目标。第一个目标，十年内超越三星公司的目标没有变。第二个短期目标，实现1000万台手机的销售量。在随后的几年时间里，这家手机制造公司不断实现阶段目标，甚至一步一步接近终极目标……如今，这家国内知名的手机制造公司，还涉猎PAD、笔记本电脑、电视机、智能运动器材等，成为一个竞争力极强的综合性高科技公司。

对于一个管理者而言，长期目标等同于理想的灯塔，短期目标等于"绩效任务"。两者之间，不仅没有冲突，反而是一个有机结合体。中国有句老话，饭要一口一口的吃。积少成多，量变产生质变。笔者记得有一位登山家说过一段关于攀登珠峰的感言："攀登珠峰，通常需要5~7天时间。在攀登过程中，需要成功实现'几个营地'的目标，才能逐渐接近珠峰峰顶。事实上，有许多人无法抵达，只有少数极个别的幸运儿才能征服珠峰。"从这句话中不难看出，终极目标都是由一个一个"小目标"组合而成的。当然，有一些"心大"的管理者，并不重视短期目标。他们认为：短期目标只是一个"过程"，目的只是为了给管理者和执行者增加丰富的经验。还有一些"功利主义者"，他们特别重视眼前利益，甚至能够为了短期利益而牺牲长远利益。事实上，这两种做法都是错误的。急功近利与漠视过程，都是管理大忌。

笔者认为，管理就像种树。不但要坚持给它浇水、施肥，还要不断观察它的成长过程，定期为它修建、打理。病了，要治病；天冷，要穿衣。重视成长过程中的每一个细节，才能将"树"种好。另外，短期目标与短期目标之间，要保持连续性。曾经有一个企业，市场好的时候，在研发方面不惜投入；市场不好的时候，便减少甚至停止了研发。研发中断，导致许多环节都脱节、滞后，到头来是竹篮打水一场空。因此，管理者要重视目标的连续性，把长远目标当成一条高速公路，短期目标当做高速公路上的每一盏路灯。坚持朝着正确的目标方向前进，才能一步一步实现终极目标。

钢铁大王卡耐基有句话："朝着一定目标走去是志，一鼓作气中途绝不停止是气，两者合起来就是志气，一切事业的成败都取决于此。"对于一名管理者而言，拥有管理方面的"志气"，似乎就更加重要了！

职工目标与网点目标相互协同

　　有时候，常常听到这样一种抱怨声音。有些员工回到家中，便牢骚道："企业就算卖五个亿，跟我又有什么关系呢？"事实上，这是非常尴尬的现象。按理说，企业完成的越好，员工越高兴，收入也会随之增加。但是深入探寻之后，笔者才发现：许多企业的组织管理目标与员工的人生奋斗目标没有发生交集。

　　有些企业，人文环境差，在管理方面则完全采取"倒逼"和"硬逼"的管理方式。这种高压管理，会让员工的思想状态发生变化。还有一些企业，缺乏诚意。笔者认识一家企业，规模发展壮大之后，年销售额超过十个亿，但是依旧没有提高员工的工资、福利待遇……如此一来，就会让员工感到不满。除此以外，还有一些企业，给员工制定的目标堪比珠穆朗玛峰，让员工根本无法完成绩效考核。而这样做的目的，就是为了少支付员工的薪水。这种做法，不仅是一种缺乏诚意的做法，甚至是完全不讲道德的做法。员工作为企业的财富，在为自己创造价值的同时，也在为企业创造价值。员工能够在企业内实现个人的人生目标，集体目标、企业目标也就能够实现。

　　讲个故事：有一个企业老板，叫王波。他的公司主要生产各类生活小家电，该公司在当地有一定的知名度。由于小家电品牌种类多，市场竞争非常激烈，只有深耕内部管理，才能让企业生存下来。王波是个聪明人，他深知员工才是企业的"救世主"，管理者只不过是搭戏台的人而已。他说："每一个企业都有自己的使命和梦想，但是只有员工实现自己的梦想，企业梦想才能实现。"

为了帮助员工实现梦想，王波做了大量的沟通工作，了解员工的内心需求。得知许多员工面临房贷压力、抚养压力和教育压力，让员工通过自己的大脑和双手提高自己的收入，就成了最好的解决方式。于是他提出一个概念：当年实现职工收入20%的增长，五年实现职工收入翻倍。与此同时，他还提到一个企业目标，五年内实现销售收入和销售利润的翻倍。

为了帮助员工提升自身价值，实现自我理想，王波改善了员工的工作条件，而且加大内勤服务保障工作。即使在企业处于"不赚钱"的状态下，王波依旧拿出诚意，按照约定提高员工的工资。员工认为老板是一个真正爱企业、爱员工之人，便付出更积极的劳动。甚至各个部门之间，还进行产量、销售量以及工作技能大比武，用这种"比赛"方式督促自己挖掘潜能。

五年之后，这家小家电公司销售额实现了两倍增长，利润实现了三倍增长；员工的收入不仅翻倍，而且各种福利待遇也得到大大提高。员工实现了自己的梦想，王波也得到了自己想要的结果。

每一个企业都有自己的总体规划和任务目标，这个目标不仅是企业的目标，还是所有员工的奋斗目标。但是，许多管理者并不能做好两个"目标"的协调发展工作。笔者认为，原因有两个。其一、管理者往往身处高位，并不能真实聆听员工的想法。其二、许多管理者太过主观，甚至从来不提个人目标。因此，就会让个人目标与集体目标发生矛盾和冲突。管理者认为员工动力不足，员工则认为管理者毫无诚意。结果是互相扯皮，决策与执行效率都大大降低。一个真正聪明的管理者，是善于借助员工的"人生目标"做文章。有一个企业家认为："集体目标就是无数个人目标的集合体。"管理者要想方设法将集体目标分解成若干个个人奋斗目标，并能够处理集体目标与个人利益、个人理想的利害关系。员工有了奋斗的积极性，才能让企业、个人实现双赢。

如今，越来越多的现代企业、银行，把员工看做"合作伙伴"。企业或银行提供舞台，员工在舞台上展现自己的价值，并且为舞台吸纳客户。这种合作共赢的方式，远远好过强逼管理的方式。管理者善用激励政策和绩效考核鼓励员工，让员工发挥主动性和积极性。只有这样，才能实现组织管理目标。

员工职业生涯目标管理

孔子在《论语·为政》中说："吾十有五而志于学，三十而立，四十而不惑，五十而知天命，六十而耳顺，七十而从心所欲，不逾矩。"由此可见，孔子一生致力于学习与修身，三十岁就已立足，四十岁已经不再被困难所迷惑，五十岁明白了自己的命运，六十岁能够广泛听取他人的意见，七十岁便可以收放自如且不会逾越规矩。这是一个人的成长过程，似乎也是一个人职业生涯的六个阶段。通常来讲，一个人的职业生涯有30年的时间。如果按照每五年作为一个阶段，恰恰也是六个阶段。那么这六个阶段，员工应该如何进行自我管理呢？

1. 适应阶段

不同的员工，适应能力也是不同的。快则几个月，慢则几年。当然，还有一些超强适应环境者，几天就可以适应自己的工作。不管如何，一名员工在刚刚入职后，通常存在三个问题。第一、专业问题。许多年轻人所在的工作岗位与上学的专业不符。第二、经验问题。因为缺乏一定的工作经验，需要大量实践与工作，才能历练出来。第三、能力问题。能力与历练存在一定的关系。在第一个人生五年，员工可能面临着尴尬的"学徒工"生涯，这个阶段需要员工敏而好学、不耻下问，能否虚心接受前辈的教导，低调做人，认真做事。当你能够适应岗位，甚至可以完全稳住阵脚的时候，就可以有进一步职业规划。

2. 沉淀阶段

一个人从学徒工到一名合格的员工，需要三到五年的时间。如果按照年龄，大概相当于一个三十岁左右的人。俗话说，三十而立，就是能够在自己的岗位上立足，甚至独当一面。但是在这个阶段，人又容易"浮躁"。举个例子，有一个年轻人，认为自己有足够的经验和渠道，打算找一份更好的工作。因此，他便谋求跳槽的机会。后来，他终于跳槽成功。但是来到新公司、新岗位后，他才发现，自己还要重新走五年前"适应岗位"的老路。换句话说，在这个阶段，人生的经验、履历，依旧还需要塑造、加强。锋芒毕露不是一件好事，还是要坚持低调行事、沉积自己。

3. 稳定阶段

到了这里，对于一名员工而言，已经算是一名有十年工龄的老员工的。这个阶段的员工，大多有家有业，不仅是家庭的支柱，还是企业的骨干了，工作经验完全可以支撑起自己的梦想之路。在这个阶段，笔者认为，进一步补强自己的能力是最关键的。俗话说，学习贵在坚持。趁着自己还年轻，不停地为自己充电，提高自己的综合能力是非常关键的。时间是宝贵的，时间是有限的。珍惜时间、利用时间，才是这个阶段最应该做的事。

4. 突破阶段

过去人们总说，四十岁是一个"分水岭"！人到四十，要么不惑，要么惑到底。许多企业提拔干部，也是以四十岁为"杠"！过了这条杠，能力不足者，恐怕也就没有这样的机会了。因此，能够实现前三个阶段人生目标的人，走到这里，就不会被这种困难所击倒。有能力，有经验，有一定的社会资源和开拓精神，就能很快突破瓶颈，重回自己的梦想之路。另外，四十岁的职场人，年富力强，更加容易出成绩。抓住这个机遇，就能实现人生的重要突破。

5. 掌控阶段

人到中年，更多需要一种激情和动力。有这么几个成语形容某些人的职业生涯，比如虎头蛇尾，开始发展良好，但是越走路越狭窄；比如后劲不足，形容一个人年龄越大，越没有上进心。一个人工作二十多年，想必什么世面也见过了。就像流行歌曲《红豆》里的一句词："相聚离开都有时候，没有什么会永垂不朽"。或许悲观、厌世之感也会油然而生。但是对于这个阶段的人，稳定比突破实在，坚守比离开实在。相信一句话，只要功夫深，铁杵磨成针。这个阶段，应该是控制的阶段，或许距离人生梦想也只有一步之遥。

6. 实现阶段

如果一个人，有幸走好了前面的五步，第六步就已经成功了。工作二十多年，甚至三十年，人进入壮年，也已经到了瓜熟蒂落、丰收的时节。许多人，或许已经成为企业的管理者。在这个阶段，还需要做好两件事。第一件事，拒绝诱惑，守住成果；第二件事，为小辈指路，为组织开路。

《钢铁是怎么炼成的》的主人公保尔·柯察金说过一段话："一个人的一生应该是这样度过的：当他回首往事的时候，他不会因为虚度年华而悔恨，也不会因为碌碌无为而羞耻；这样，在临死的时候，他就能够说：'我的整个生命和全部精力，都已经献给世界上最壮丽的事业——为人类的解放而斗争。'"如果这句话也能够照进员工的职业生涯，就会帮助他实现自己的人生目标。

目标计划的执行、评估与反馈

目标是前进的动力，如果没有目标，人生就是彷徨的。对于企业或者银行而言，组织目标同样是企业发展的方向和动力。有了目标，还需要所有员工为此付出劳动，比如制定目标计划、执行方案、目标评估、目标反馈等。这一系列工作，我们有一个名字，叫绩效管理。事实上，绩效管理就是管理者以目标为导向，进行的任务管理过程。

如今，有一些管理者借助PDCA循环模式来进行目标管理。什么是PDCA模式呢？1950年，日本几位顶尖管理者和工程师对质量管理专家爱德华兹·戴明的质量管理循环进行改造，后来又被戴明推广到世界范围的一种管理循环模式，PDCA管理循环也被称作戴明环。PDCA中的四个大写字母，分别代表着四个步骤。PDCA是由Plan、Do、Check和Adjust四个英文单词组成，也就是计划、执行、检查、纠正四个步骤。如果管理者能够将PDCA运用到目标管理中，也会收到非常好的管理效果。

1. 计划

计划是根据目标而制定的，如果只有目标没有计划，恐怕也难以实现最终目标。对于目标而言，计划就像一艘船，可以帮助一个人抵达目标。举个例子：有一个人，希望有朝一日成为乔丹一样的篮球明星。为了实现这个梦想，他为自己制定了一整套的训练计划。比如早晨进行体能训练，下午进行篮球技巧训练，晚上进行投篮训练。通过这套训练计划，这个人篮球技术得到了提高。对于一个企业而言，管理者同样需要有一个目标计划，这个计划包括管理细则、计划方案、计划实施的时间和阶段等。有了目标实施计划，才能进行第二步工作。

2. 执行

没有得到执行的计划，就是一个空计划。就像一个人，做出承诺，就应该要兑现承诺。执行是PDCA四个环节中，最为重要的一个环节。俗话说，实践出真知。对于管理者而言，执行管理的过程，更像是一个"辅导"过程。前面我们讲过，管理者是保姆、辅导员、教练，还是一名心理医生。这些角色，就是为了帮助员工在执行任务过程中，能够充分利用组织资源和个人的能力，扬长避短，发挥特长，提高落实任务目标的执行力。

3. 检查

就像做完"作业"后的检查，降低出错率是同样的道理。对于一个长期计划和目标，执行过程一定是非常漫长的，如同朝着目标铺设了一条很长的"管道"。如果这个"管道"出现问题，就会造成阻碍。而这些困难和障碍，绝大数是"错误"造成的。执行过程中的错误通常有两个方面：第一、管理者的管理错误；第二、执行者的执行错误。对于管理者而言，不仅要借助相关制度和流程检查员工的工作，还要常做自我批评、自我总结，检查自己的工作。

4. 纠正

古人言：知错能改，善莫大焉。著名诗人歌德认为："错误同真理的关系，就象睡梦同清醒的关系一样。一个人从错误中醒来，就会以新的力量走向真理。"因此，纠正的力量比找到错误的力量还要大。如果一个人知错再犯，永远也无法寻找到真理。对于目标管理而言，找到管理错误，及时进行纠正就显得弥足珍贵了。当然，纠正的目的是为了评估、反馈目标管理的效果。甚至美国还有一句谚语："从错误中学到的东西，比从美德中学到的东西往往还要多。"

目标与绩效结合的管理方法，是成功者留下来的管理财富。管理者在采纳这种管理方法的过程中，要坚持一边学习、一边辩证，只有符合组织的管理方法，才是最适宜的。

第十七章 员工辅导、激励管理方法

> 一个管理者，还要做好两件事。一件事，做员工的辅导员，对员工进行有针对性的辅导。另一件事，做员工的催化师，对员工进行有效激励和催化。只有这样，才能让员工拥有高效执行力。

员工辅导的意义

讲个故事：古代有一个人，他有一个酿酒的手艺。他酿造的酒，远近闻名，甚至还能把酒买到百里之外的地方去。此人的酿酒坊生意越来越好，许多人纷纷建议他扩大规模，把酒坊扩大成酒厂。

但是这个人，并没有扩大规模。他的妻子问他："所有人都建议你扩大规模，为何你不去扩大呢？"此人的解释是："如果扩大规模，就需要雇一些工人来上班。那样，我的酿酒秘方，就会泄露出去！"当然，这种担心不无道理。但是，一个人又能做多大的事情呢？

不久之后，衙门的人也来买酒。其中，一个县官下了一个大单，让酒坊三个月酿造五十缸米酒。县衙的人得罪不起，只能硬着头皮把订单接下来。迫于无奈，这个人只能招了10名学徒，一边教他们酿酒，一边让他们帮忙。

三个月后，县衙的订单终于完成了，10名学徒工也学会了酿酒。但是这些学徒工并没有走，而是留在酒坊继续工作。

此人尝到"甜头"后，才接受了妻子的建议，将原来的酒坊扩大了三倍。酒坊变成酒厂，销售额也翻了几倍。

有一些管理者担心教会了员工，员工会有朝一日超越他……难道"青出于蓝而胜于蓝"不是一件好事吗？事实上，教授员工知识，让员工的能力得到提升，可以有效减轻管理者的管理负担，让管理者有更多的时间去做更有意义的工作。古人言：授之以鱼不如授之以渔，传道授业解惑同样是管理者肩负的责任之一。换句话说，辅导员工对企业或银行的发展有非常重要的意义。笔者认为，辅导员工有五大意义。

1. 履行管理职责

管理者是教练，还是老师。教练的职责是培训，老师的职责是授课。给员工进行辅导，本就是管理者的职责所在。有一位企业家认为："企业家是'家长'，有教育'子女'的权利和义务。"当然许多管理者没有时间去亲自授课，他们只能把授课的工作交代给企业内训师或者外聘讲师进行授课。这样的方法与亲自授课的方法具有相同的效果。如果一名管理者懒得授课，或者担心员工的超越而故意不授课，吃亏的还是企业。有一句话是，培训员工是成本最低的投资！

2. 减轻管理压力

管理者不是"全陪保姆"，什么事情都要自己处理。一方面，管理者减去做管理的时间，剩余的时间还要用来休息；另一方面，管理者没有三头六臂，做不到凡事亲力亲为。除了决策、管理之外的90%以上的事情，管理者需要交代给员工处理。辅导员工，让员工胜任岗位职责，就能够帮助管理者完成其他方面的工作。管理者身上的重担被分解了，自然就有时间做"高瞻远瞩"的事。

3. 帮助员工成长

好员工决定好企业。如果一个企业或银行拥有一批优秀的员工，那么将是非常幸运的事。作为一名管理者，甚至是一名企业园丁，需要帮助自己的员工快速得到成长、成才。有一个管理专家认为："管理的一个重要课题，就是帮助员工成长。"员工变得优秀，成为企业的栋梁之才。企业就会因此受益，并且让企业拥有更强大的市场竞争力。

4. 实现员工需求

任何一名员工，都有自己的需求和追求。最基本的工作需求，就是适应自己的岗位和工作，能够完成组织交代的任务。任务完成了，才能心安理得地拿到工资。长远的理想，就是能够完善自己，提高自己，甚至能够一步一步走上管理岗位，拿到令人羡慕的高薪。管理者是员工的"梦想设计师"，当然需要满足并实现员工的这些需求和追求。

5. 满足企业需求

辅导员工，让员工拥有过人的能力，提高执行力的同时，就能够让企业受益。换句话说，辅导员工的最大意义，就是为了满足企业对人才的需求，满足企业发展的需求。

辅导是一项管理工作，还是管理者的管理"必修课"！能够做好员工辅导，帮助员工成才，于个人、企业、社会，都有积极的作用。

员工辅导的四种方式

经营之神松下幸之助认为："造人先于造物。"拥有人才的企业，才能不断发展、创新。就像世界首富比尔盖茨说得那句话："把我们顶尖的20个人才挖走，那么我告诉你，微软会变成一家无足轻重的公司。"由此可见，企业之间的竞争是人才的竞争。

辅导，是一种简单直接、快速有效地培养人才的方式。许多管理者都会拿出大量的时间，用在人才培养方面。举个例子：有一个世界五百强企业，其管理者每年都会组织"夏令营"。这个"夏令营"，就是一种工作经验促进会。通过这种方式，许多员工学习到宝贵的工作经验和人生经验，并将这些经验运用到工作生活和家庭生活之中。还有一些企业，会为员工提供培训的机会，比如在岗培训和脱产培训等。员工的综合能力得到提升，甚至能够胜任不同岗位的工作。辅导与教育有本质上的区别。如果把辅导拆开，就是辅助和引导。笔者认为，辅助是一种方式，引导是一种结果。即便是天资一般的人，经过耐心辅导，也会有较大程度的进步。因此，管理者要善用辅导培养人才，为企业或银行储备人才。那么员工辅导的方式都有哪些呢？

1.心理辅导

许多企业管理者，非常在乎员工的心理状况。心理健康的员工，才能成为一名对企业有贡献的员工。举个例子：中国南方有一个电子产品加工厂，每年都有员工因心理问题，选择自杀。这种现象，也演变成为一种社会现象，对企业的形象有巨大的影响。如果管理者长期、定期了解员工内心，对员工进行"健康心理"咨询服务，就会减少这一现象的发生。心理辅导就是一种很好的方式，管理者或者管理者聘请情感导师与员工建立一种情感纽带和互信关系，通过心灵辅助和内心排压等方式，让员工树立信心，能够正确的认识自己，接纳自己，克服内心障碍，提高工作能效。

2. 技能辅导

当下各式各样的技能辅导班层出不穷！有企业组织的，也有社会组织的。员工选择技能辅导的方式也多种多样，五花八门。对于一个企业或银行的管理者而言，对员工进行技能辅导更是一种责任。俗话说，师父领进门，修行在个人。笔者认为，这句话是一句"不负责任"的话。企业管理者招聘员工进入公司，就要对这名员工负责，比如员工工资、身体状况、心理状况、能力提升等。帮助员工提高技能，如同教给水手"划桨"一样，对企业或银行，都是有积极意义的。管理者完全可以把技能辅导的工作交代给企业技能能手或者外聘培训团队。专业人做专业事，效果会更加明显。

3. 人格辅导

每一个人，都有自己不同的人格，由此会表现出不同的行为方式。对于一个企业管理者来讲，要管好数以百计、千计的员工，确实是一项令人头疼的工作。笔者认识一名企业老板，最让他烦恼的事，就是抓"人事管理"！他常常抱怨道："刺头难管，有野心的难留！"如果换个角度去看，这些问题不是员工自身人格的问题，而是管理不到位的问题。所以，管理者还要重视员工的人格辅导。人格辅导通常又包括三个方面，分别是自我意识辅导、情绪辅导和社交辅导。通过专业的人格辅导，可以让员工学会自我认识、自我发现和自我掌控。一个拥有完善人格的员工，才能对企业或银行产生归属感、责任感和使命感，才能把自己的工作做得更好。

4. 个性辅导

在漫长的职场生涯里，许多员工都会像鹅卵石那样，被时间和履历磨平棱角，逐渐成为一个沉默者、平庸者、毫无激情的人。而这些员工所在的企业，也常常给人一种死气沉沉的感觉。一个成功的企业或银行，是积极的，充满生命力的，甚至是极具个性的。因此，管理者只有调动员工的积极性，让他们彰显出自己的个性与魅力，才能让企业富有色彩。组织与个性相关的辅导与培训，就显得十分有必要了。

当然，辅导的方式方法还有许多种，比如针对员工价值观的辅导、责任感的辅导、团队意识的辅导。只要对员工有益、对企业有效，这些相关的辅导课程就可以安排、布置。

员工辅导的步骤与要点

讲个故事：有一个鞋匠，收了两个学徒工。鞋匠常常对学徒工说："如果你们能够学到我的本事，以后就可以另立门户，自己开一家鞋店。"鞋匠的话让学徒工看到了希望，于是他们工作非常积极，希望鞋匠能够手把手地传授给他们做鞋的本领。

两个学徒工跟着鞋匠认真学习三个月，竟然彼此"大眼瞪小眼"，似乎根本没有学会做鞋。其中一个学徒问另一个学徒："为什么我按照他的步骤，做出来的鞋根本没有鞋的样子呢？"另外一个学徒也是如此，他说："咱们的师傅，只是让我们跟着学而已，从来没有手把手的传授做鞋的本领……如果这样下去，我们恐怕一辈子也学不到这样的本事！"

后来，两个学徒向鞋匠提及没有学会做鞋这件事，鞋匠却这样解释道："我已经把做鞋的步骤示范给你们看了，如果还做不出鞋子，原因只有两个。要么你们没有这个天赋，不适合做鞋；要么没有认真学习，也做不好鞋子！"两个学徒每天坚持苦学，但是因为鞋匠的一句话就被"扫地出门"，真是令人唏嘘。

许多管理者就像这位鞋匠，只展示了一个过程，但是却没有传授技巧和方法，就会造成这种结果。还有一部分管理者，没有耐心，甚至也没有分享精神，甚至还会不负责任地讲："自学比传授更加重要！"员工没有掌握要点，纵使自学也不会起到任何作用。因此，作为一名管理者，要具备分享的态度、耐心和以身作则的工作精神，才能让员工学到知识和技能。除此以外，辅导是一个过程，而不是一个方式、一个结果。它需要管理者遵照"步骤"去做，才能起到好的效果。

1. 消除员工的紧张心态

就像一个瓶子，只有放空自己，才能盛放更多东西。就像一个人在上台唱歌之前，要调整好自己的情绪，才能唱好歌。员工接受辅导时的心态，就决定了学习质量的好坏。因此，管理者在进行辅导之前，要与员工进行充分地沟通交流，让员工的思想和心理，都处于一个良好的、可以接纳外部知识的状态。

2. 告知辅导的用意与方向

有一些管理者，对待辅导的态度，完全是临时起意的。许多员工来到培训室，完全不知所云。学习什么，学习内容有怎样的意义，学习的结果是什么……都不得而知。管理者在进行辅导之前，要做好辅导通知的具体工作。包括辅导的时间、辅导的内容、辅导的方向、辅导的目的。员工理解了辅导的意义，才会积极参与辅导。

3. 亲自示范

口头传授的效果比亲自示范的效果差很多，管理者只有示范到位，才能起到辅导作用。举个例子：有一个大提琴师，带了一个徒弟。每天，他都会拿出大量的时间，亲自拉大提琴给徒弟听。通过这种展示，徒弟能够矫正自己的姿势，掌握拉大提琴的节奏……久而久之，就学会了拉大提琴。只有亲身示范，员工才能掌握要领，学会正确的方法。

4. 分解操作步骤，再加以指导

辅导需要管理者有极大的耐心，因为辅导本就是一项"缓慢"的工作。对于所授知识或技能的要点难点，管理者要将步骤进行拆解，多次向员工进行演示。员工根据这样的指导，才能把"功课"做到位。分解操作步骤的另外一个目的，是强化辅导作用，让辅导更有目的性。

5. 让员工独自操作

辅导的目的，就是让员工学会并掌握技能，从而熟练地运用技能。有一个企业家说："不要因为设备成本，而拒绝员工触碰设备！"就像培养一个好厨师，就是从无数次的"颠勺"实验中提升的本领。管理者不仅要让员工独自操作，更应该鼓励员工大胆尝试。

6. 安排到岗工作

辅导的终极目的，是提高员工的执行能力。所谓执行能力，只有在自己的岗位上才能得到体现。因此，管理者安排员工到岗工作，才是最关键的。另外，岗位工作可以强化员工的技能，强化运用技能的熟练程度。运用技能越熟练，效率也就越高，失误也会越小。

7. 跟踪监督、指导

员工学会了本领，并不意味着整个"辅导"功课结束了。事实上，跟踪监督、给予员工更有针对性的指导，是防止出错、规范操作的重要方式。辅导不仅是一个过程，还是一个"闭环"。从开始到结束，都需要管理者积极参与。

辅导是一项漫长的工作，需要管理者做好充分的思想准备和行动准备。如果时常中断辅导，也会给员工带来负面的影响。就像美国前总统富兰克林说过的一句话："有耐心的人，能得到他所期望的。"

员工辅导的八大注意事项

辅导也是一种传道授业的方法，是方法就需要掌握一定的技巧，不能任意为之。举个例子：有一位银行领导，每天下午五点组织新员工进行辅导培训。辅导结束后，早已经过了下班时间。有一些员工离家较远，非常不方便，个别女员工还需要男员工陪同。时间长了，许多新员工对这位领导的安排产生了强烈的不满。大多数员工都希望把辅导培训工作放在工作时间，而非下班时间。还有一位管理者，把辅导工作纳入考核！想必许多人都是第一次听说，这种奇葩结果又是如何制定出来呢？管理者对待辅导这项工作，既要认真对待，但是又不能强人所难。拿捏好尺度，让辅导与工作相得益彰，才能有好的效果。

1. 辅导时要声情并茂

有一些管理者或者辅导员，在辅导授课过程中，站在讲台上如同一位严肃的老师。如果营造一种紧张的气氛，就会让员工产生一种压力。笔者见过某银行行长给"个金"战线上的员工上辅导课，课堂上穿插着音乐、故事、笑话、游戏……一堂课下来，既轻松又有趣。员工学到了知识，还感受到辅导课的乐趣。对于管理者而言，还将自己的人格魅力传达给员工，是一举两得的事。

2. 辅导时要有的放矢

辅导与授课是相同的，首先要有辅导大纲，其次还需要辅导老师进行"备课"。这种"备课"的目的，为了让辅导课程更加紧凑，不脱节，也不会偏离主线。有一个辅导员还借助一些经典案例，进行穿插授课，启发学员领悟所学知识。值得注意的是，辅导员切莫因为员工消化吸收慢而大发雷霆。

3. 辅导时要注重体验

举个例子：有一堂空乘人员的辅导，辅导老师一边讲解，一边向空乘人员展示规范的动作。并且会预留出时间，让空乘人员进行训练、强化。这种体验式辅导，因为注重实践，反倒辅导效果更好。管理者或者辅导员要尽量减少空洞乏味、不着边际的辅导，力求语言简练有效，能够穿透纸背。

4. 辅导时要低调转化

如今有一些辅导员，自恃身段高他人一截，就给人一种盛气凌人的感觉。辅导上课过程中，常常抬高嗓门，借助提问的方式进行辅导。事实上，辅导要减少"提问"，而应该注重体验和转化。辅导员在辅导过程中，更要压低自己的身段，不要高喊口号或者大话连篇。既然员工主动来听课，就应该低调一点，多给员工一些关爱。

5. 辅导时要注重实战

辅导培训的目的，就是让员工提高实战能力。如果辅导的课程，只能提高员工的道德情操，这样的辅导，价值就会缩水。企业辅导与学校教育不同，企业辅导有较明显的"功利色彩"，而学校教育则倾向于人类的培养。只有注重实战的辅导，才能让员工在工作中受益。

6. 辅导时要描绘蓝图

许多管理者，总是把辅导课当成"创业史"大讲堂，高谈阔谈企业的发展史，辉煌创业史，通过这种方式，让员工珍惜当下，尊重企业。其实，这种企业宣传工作，应该放在其他的平台上进行，而不应占用辅导培训的时间。辅导时，管理者应该勉励员工，多鼓励员工，为他们描绘蓝图，让他们建立起信心。

7. 辅导时要循序渐进

辅导本就是一个循序渐进的过程，不是填鸭式灌输，也不是洗脑。通过管理者的悉心引导，让员工接受知识和经验，转变自己的行为，提高自己的能力。就像种树，浇水、施肥、修剪、等待……任何一个环节也不能缺少。拔苗助长不可取，只有遵循自然规律，才能起到效果。古人言，欲速则不达。现代人言，心急吃不了热豆腐。

8. 辅导时要专业对口

有一个例子，某医院，一个从事行政管理的领导，竟然在辅导课堂上大讲特讲临床治疗方案。这件事被爆料后，引得众多大夫、护士哄堂大笑。外行人讲内行话，只能是"哄骗孩童"的伎俩而已。如果一个管理者专业不对口，或者没有专业内行的知识，就应该把辅导工作交给业内专家。内行对内行，才是辅导的真谛。

另外，辅导工作还应该尽量安排在相对"轻松"的时间进行。如果员工都在紧张忙碌地加班加点，管理者用牺牲"工作产量"的方式来进行员工辅导，就显得有些过于激进了。因此，管理者要选准合理的辅导时间，再进行精准辅导。

员工激励的重要意义

讲个故事：有一个煤矿，由于开采困难，环境艰苦，老板几乎找不到员工为他工作。后来，他只能提高报酬，才找来一些员工。即使如此，这些员工的工作效率一直不高，煤矿也处于低产量运行。

后来，老板有了一个想法，他打算将煤矿卖给其他人。于是他找到几个投资商，并与之洽谈。谈判了两个多月，似乎所有的投资商对这个煤矿都不感兴趣。煤矿如同烫手山芋一般，似乎砸在了这位老板的手里。此时，有人对这位老板出主意："既然硬着头皮还要坚持，你为何不去下面，听一听员工的想法呢？"

这位老板接受了朋友的建议，俯身下去与员工进行交流。员工主要反映出两个主要问题：第一个问题，薪水；第二个问题，安全。与人身安全相比，一个月5000元钱的固定工资根本无法满足员工的需求。有一名员工说："如果不是家里需要还债，我是不会来到这样的地方工作的。"另外一名员工说："我们是以命换钱！"

归根结底，就是"钱"的问题。后来老板想出一个办法，就是给予"超产奖"奖励。只要能够完成当月计划，超出一吨，奖励20元钱。受到激励后的员工，第二个月就超额完成了任务，人均多赚了3000多元。由于这个老板非常讲信用，能够落实每一次奖励。半年之后，这个煤矿终于经营"活"了。不仅产量得到了大幅度增长，生产安全问题也逐渐得到了解决。

人是一种很奇怪的动物，有时候非常懒惰，有时候却非常勤快。当一个人的需求能够被满足，就会表现出一种战斗力。因此，世界上许多运动员为了金牌和高额奖励而不断挑战自己的极限。也有员工，能够在绩效奖励下，展现出自己的潜能。激励是一种方法，还是一种管理智慧。但是有的管理者，鼠目寸光，认为这种激励效果不持久，而人的欲求则越来越大，索性不采纳激励机制，凭借管理制度去约束员工的行为。因此，我们看到，许多企业总是强调纪律、作风、感恩和机遇，却很少提及奖励。这也导致许多公司人才流失严重，甚至面临严重的"用工荒"。员工激励不仅有效，而且意义非凡。笔者认为，激励有三个意义。

1. 吸纳人才

许多企业，为了招纳有志之士，都会承诺高薪。只有物质上和精神上都能够满足有志之士的需求，他才会来这里工作。比如某医院，为了提高医疗水平和竞争力，不惜高薪挖留美医学博士加盟。而这样尖端人才的加盟，会让医院的医疗水平有质的飞跃。俗话说，舍不得孩子套不着狼。只有拿出诚意和奖励政策，才能招募到栋梁之才。

2. 挖掘潜能

激励是挖掘人类潜能的最好方式。某教育机构曾经做过一个实验，对三个学习成绩相同的孩子，分别采取三种教育方式。第一种是鼓励教育，只要考试成绩达到多少分，奖励一个豪华玩具；第二种是常规教育；第三种是惩罚教育。期末考试成绩下来之后，采用鼓励教育的孩子，成绩明显好于另外两个。由此可以说明，激励在挖掘员工潜能方面，有着积极作用。

3. 目标一致

有一些企业或银行，出现这样一种状况。企业有雄伟的计划和目标，但是企业员工却另有打算，甚至表现出与"雄伟"二字完全不同的态度。言外之意，企业目标与员工目标不一致。出现这种情况，是两种原因造成的。第一种，引导不够。管理者要常常对员工进行思想引导，让员工认识企业的发展与员工利益之间的关系。第二种，缺少激励。一个企业高谈理想，却只能给员工发底薪……这种反差，也会令员工感到沮丧。只有个人需求得到满足，员工的目标才会与企业目标相一致。

比尔盖茨说过一句话："一个公司要发展迅速得力于聘用好的人才，尤其是需要聪明的人才。"而激励的意义，正在这里！

员工激励的三大要素

曾国藩说过一句话："吾不如者，吾不与处，累我者也。与我齐者，吾不与处，无益我者也。惟贤者，必与贤于己者处，贤者之可得与处也，礼之。主贤世治，则贤者在上。主不肖世乱，则贤者在下。"唯贤人而用，似乎是管理者管理企业或银行的唯一方式。事实上，许多企业也是采取"能者上、庸者下"的用人方式，这种方法可以大大提高能者和贤者的兴趣，为了自己的"革命之志"奉献一把力量。当然，这仅仅是用人方面。对于那些"平常人"而言，如果我们缺乏"育人"机制或者"奖励"机制，也会让管理失衡。

讲个故事：民国时期有一个周姓商人，他开办了一家商行。这家商行，经营各类物资。只要是赚钱的生意，他几乎都会介入。他的生意越做越大，跟着他营生的人也越来越多。

有一年西南地区战乱，需要大批军用物资。这个周老板便走后门、买关系，终于拉到一笔大的生意。这个生意钱好赚，但是需要短时间内完成货源组织以及物资运输工作。但是周老板员工有限，只能想办法调动他们的潜能，才能完成这个生意。于是他向员工承诺三件事：第一、只要完成订单，每人奖励50块大洋；第二、解决子女上学问题；第三、为家中老人诊疗疾病一次。这样的"巨奖"，让这些受过苦的工人非常兴奋，甚至像打了鸡血一样拼命工作。

一个月后，周老板完成了订单，赚了一大笔钱。另外，周老板也履行承诺，奖励员工。员工拿到钱后，有的买米买盐，有的给孩子交了学费。这些员工一直跟着周老板几十年，似乎成为周老板的"左膀右臂"。

周老板是一个善于激励员工的人，而且尝到了"激励"的甜头。钢铁大王卡耐基认为："我很幸运地具有一种唤起人们热忱的能力，这是我仅有的长处。要使人们始终处于施展才干的最佳状态，唯一有效的办法，就是表扬和鼓励。没有比受到上司批评更扼杀人们的积极性的了。我决不批评人，激励人自觉地去发挥他的作用。嘉许下属我从不吝啬，而批评责备却非常小气。只要我认为某些人出类拔萃，就会由衷地给予称赞，并且不惜奉出所有的赞词。"不管是物质奖励，还是精神鼓励，只要能够给员工以"激励"，就会起到很好的作用。那么人们常说的激励"三要素"都是什么呢？

1. 授权

事实上，任何人都不喜欢被人用鞭子一边抽打、一边工作。这完全是一种"人身禁锢"的行为。甚至有一些管理者认为，如果没有有效监督，员工偷懒怎么办？更多经验表明，给员工以信任，并授权给员工，让员工有一定的自主权，反倒能激发他们的责任心或斗志。就像有句外国谚语：被驱赶的羊群，不会主动寻找草原。员工有了自主权，才能展示自己的才华。就像马克思说的那句话："我们每个人都是平等的，你只有用爱来交换爱，用信任来交换信任。"

2. 薪酬

笔者记得有一个管理学者对一些厂长、高管的忠告是："你们应该醒一醒，思想决定一切的时代已经一去不复返！如今是金钱的社会，不谈薪水，只讲奉献，是一种虚伪的表现！"这句话，一针见血，丝毫没有留余地。员工工作的动机是什么呢？工资和福利。如果一名员工起得比鸡早、睡得比狗晚、吃得比猪差、干得比牛多，想必这位员工早就逃跑了。因此，适当在薪酬和福利上满足员工，才能让员工舒心工作。

3. 心理

许多企业，只重视物质鼓励，而忽略精神方面的激励。举个例子：有一个老板，喜欢用"钱"砸员工的积极性。员工表面上非常积极，工作业绩也不错，但是拿到奖金后的第一反应是：这个钱是我应得的，而非你老板奖励给我的！员工产生这样的心态，就会逐渐对老板的做法感到厌倦。管理者不仅要给予物质奖励，还要给予精神奖励。多用表扬的话、善意的话、心与心交流的话，让员工学会感恩，有归属感和成就感。

员工对于企业而言，既是财富，又是财产。管理者借助激励"三要素"制定科学有效的管理激励机制，就能够达到管理目的。

双因素激励理论及其应用

上世纪五十年代，著名学者弗雷德里克·赫茨伯格与他的一群小伙伴对美国匹兹堡市的200多名会计师、工程师进行了一个调查，调查问卷里只有两个问题。第一个问题：工作中，哪个事项令你满意，这种积极的情绪能持续多久？第二个问题：工作中，哪个事项令你不满意，这种消极的情绪能持续多久？经过调查发现，能够令员工感到满意的，属于工作本身的问题；令员工感到不满意的，属于工作环境或工作关系的问题。前者被定性为激励因素，后者被定性为保健因素。

所谓"激励因素"，是员工对工作的本身、工作的岗位、分饰的工作角色感到满意，并且能够以积极的情绪贡献自己的力量，继而实现工作上的成就。与之相反的，就是不满意。所谓"保健因素"，与管理者的联系更为紧密。它通常包括企业的制度、政策、工作环境、工作薪水、人际关系以及身体保健等。事实上，这也是属于组织管理方面的事情。只不过，"保健因素"属于"工作范畴"之外，"激励因素"属于"工作范畴"之内。"激励因素"常常能够为员工带来积极的一面，但是"保健因素"只会为员工带来消极的一面。美国银行前总裁路易斯·兰伯格认为："首脑人物的作用……是要确实做到在你的周围有一帮生气勃勃充满鲜明思想的人，并且鼓励和欢迎他们提出各种见解。激励和识别创新思想的才能，包括理解创新思想，能发现有创新精神的人，和善于建立一种创新思想得以顺利成长的环境。"

1. 激励因素的应用方法

激励因素，更多侧重于精神方面的管理与应用。笔者认为，主要有以下四个方面。

（1）尊重与赞美：一个管理者要尊重自己的员工，给员工适当的表扬与赞美。通过这种方式，满足员工心灵的需求。

（2）给予挑战性的工作：许多员工在平凡的岗位上，逐渐失去激情，逐渐沦为"平庸"，这就需要借助一些挑战性的工作，激发员工的积极性。比如，交代给他们更加重要的工作去完成。

（3）提供成长平台：许多企业都给予员工培训的平台和晋升的平台，只要员工达到管理者的期望值，就会有晋升的机会。

（4）成就：许多管理者会向员工拍着胸脯说："政治上光荣，经济上实惠！"然而，这仅仅是一方面。更重要的一点，员工能够在自己的岗位上实现人生价值，取得非凡的成就。

2. 保健因素的应用方法

保健因素，更多侧重物质、环境等方面的管理与应用。笔者认为，主要有以下五个方面。

（1）管理政策：宽松的政策与严格的政策不同，人性化的政策与机械化的政策不用。如今，大多数企业管理者采用以人为本的"弹性"管理政策，可以让员工有一个很好的调整、适应空间。

（2）监督：任何人都需要监督，甚至连管理者本身也需要监督。但是监督"环境"和监督"方式"的选择，却极其重要。既要给予员工自由度，又要带有一定的约束力，这样的监督才有积极效果。

（3）人际关系：以人为本的管理环境，总是能够营造出真诚、友善的人际关系。对于管理者而言，还应该做"员工"的心灵导师，常常与员工进行思想沟通，营造出一种"家庭式"的工作环境。

（4）薪水福利：劳有所获，这个词给薪酬制定者一个方向。也就是说，如果员工付出自己的劳动，取得一定的的成果，就应该如愿以偿拿到适当的薪水和福利。否则，就会产生消极心理。

（5）工作条件：好的工作环境可以给员工带来安全感、舒适感。只有满足员工的安全需求，才能确保工作的顺利进行。

双因素激励理论，就是要求管理者能够同时实现"激励因素"与"保健因素"，让员工得到满足与认可。就像著名的经济学角色杰克·弗朗西斯说过的一句话："你可以买到一个人的时间，你可以雇一个人到固定的工作岗位，你可以买到按时或按日计算的技术操作，但你买不到热情，买不到创造性，买不到全身心的投入，你不得不设法去争取这些。"

马斯洛需求层次激励法

心理专家马斯洛在《动机与人格》一书中这样讲到："高级需要的满足能引起更合意的主观效果，即更深刻的幸福感、宁静感以及内心生活的丰富感。"一个人的需求，是从低到高逐渐过渡的。满足了低级需求，就会产生更高级的需求。如果不设置"台阶"，恐怕人类的需求和欲望是无极限的，如同天梯一般。但是如果划分阶段，就有五个层次。因此，马斯洛详细解释道："最低层次是对生理上的需求；第二，包含对安全、稳定和质量的需求；第三，归属感；第四，对获得尊重的需求；第五，人类对自我实现的需求。"根据这五个需求，管理者就可以分层次设计"激励"模式，以提高员工的工作积极性。就像经营之神松下幸之助说的那句话："管理的最高境界是让人拼命工作而无怨无悔。"

1. 生理需求

员工为什么选择工作？最简单的答案是为了赚取工资！赚到钱，才能吃喝住行、养家糊口。如果没有工资，一切都等于零。其次，基本的工作条件与工资相同。你不可能要求一名没有经过训练的员工去扫"珠峰"山顶上的积雪，也不可能让他们在糟糕的自然条件下做不可能完成的事情。因此，作为一名管理者，为员工提供薪水、适当的工作环境、水、甚至工作餐，都是十分有必要的。另外，还应当适当给予员工关爱。关爱可以让员工产生温暖，并令其留下来继续工作。

2. 安全需求

笔者认为，安全需求主要由三个方面组成。对于现代企业而言，管理者实现稳定有序的安全生产，也是对社会的一种交代。

（1）工作合同：工作合同是一份基本的工作保障，可以给员工带来安全感。笔者发现，许多临时工总有一种危机感：担心被公司辞退或者开除。如果能够给员工一纸合同，就会消除这种危机感，让员工安心工作。

（2）五险一金：有的企业承诺三险一金，有的企业承诺五险一金。事实上，不给员工交保险的企业，在某种程度上是不允许的。为员工缴纳保险，为员工提供一份保障，于情于理都是必须的。

（3）安全环境：管理者提供安全的工作环境，以防止出现安全责任事故，对企业和个人，都具有积极意义。如果能够提供较为舒适的工作环境，还能够给员工带来愉悦感。

3. 归属需求

归属需求也被称之为社交需求。人是一种社交动物，永远离不开社交。首先，管理者要常常与员工交流，彼此分享内心的感受。另外，还要信任员工，能够让员工内心得满足。甚至有一些管理者，把员工当做助手、朋友、亲人……只有这样，才能让员工对管理者和企业产生信赖，并培养出一种归属感。

4. 尊重需求

尊重是世界上最美好的事情，它显示一个人高贵的人格。作为一名管理者，尊重员工是非常重要的一件事。员工得到尊重，才能尊重管理者，并把管理者的"嘱托"当成自己的事去处理。其次，管理者还要赏识自己的员工。美国政治家约翰·阿什克罗夫特认为："一个老板能犯的最糟糕的错误就是不会夸奖。"由此可见，夸奖与赏识是多么重要的一件事。再次，管理者还要给员工一些"重要工作"去处理。只有这样，才能显示出自己的诚意。

5. 自我实现需求

管理者要满足员工的最高级需求，需要做好三件事。第一件事，给员工提供培训学习的机会。员工通过培训，提升自己的本领，再借助自己的本领，实现工作上的超越。第二件事，给员工提供才华展示舞台。管理者要充分给予员工展示才华的机会，不要嫌弃人才，更不要嫉妒人才。人才是企业的财富，充分利用这个"财富"，才能为企业带来效益。第三件事，授权给员工，让员工负责有挑战性的项目。事实上，只有通过挑战，才能实现人生的升华。员工实现了自己的理想，企业也会硕果累累。

事实上，需求层次激励法是通过触发员工的动机，让员工产生行动的一种方式。形成动机的原因有两个，一个是员工内在产生的，另一个是管理者通过"诱导"产生的。如果能够满足员工的五个层次的需求，就能大大激发他们的潜能，为企业带来原动力。

激励的原则和方法

激励到底是什么呢？可能一百人有一百种解释。它可以是鼓励，可以是激将，可以是诱导，可以是调动。但是它的原理都是一样的，都是通过"刺激"员工的动机，而促使员工产生行动的一种方式。激励方式有两种，有直接激励和间接激励。直接激励，就是采取提高薪水、承诺升职等方式激发员工干劲儿；间接激励，则是借助表扬、认同、赋予重任等方式改变员工的心灵，激发员工的工作积极性。激励是一种积极有效的管理方式，它直接关乎企业或银行的兴衰。因此，管理者要选择合乎实际的激励机制，才能提高管理绩效。

举个例子，日本丰田公司为了优化管理绩效，便设立了一个合理化建议奖，鼓励员工多提意见。这个方法非常奏效，短短一年时间内便受到165万条建议，而这些建议直接为丰田公司带来了900亿日元的利润。激励可以大大提高员工的兴趣和创造力，那么激励的原则有哪些呢？

一、可持续性原则

许多管理者奖励一次，便不再兑现第二次，原因何在呢？有一位管理者这样解释道："无限制地奖励下去，会大大超出财务预算！"如果员工遇到这样一位不讲诚信的抠门老板，一定会"收着"自己的能力去工作。真正的激励法则，是长期奏效的，甚至伴随员工的职场生涯。持续不断地激励，才能换来员工持续不断地投入。

2. 公平、公正、公开原则

所谓"公平"，就是一视同仁。笔者见过有一位管理者，对待自己的"亲信"，就多发一点奖金，对其他员工，就少发一点。结果，那些少发奖金的员工不干了，他们埋怨道："做同样的工作，付出同样的代价，为何收入不同？"因此，奖励要公平。所谓"公正"，就是让每一位付出的员工都能得到符合他们需求的奖励。比如一名员工为企业创造10万元的利润，而企业只象征性地奖励10元钱，这样的奖励就缺乏诚意，缺乏公正。所谓"公开"，就是在奖励方面，要公开透明，利于监督。举个反面例子：有一个企业给员工补发50万元的超产奖金，因为奖金数目没有公开，结果被财务部因某些原因扣掉26万元。激励只有公开透明，才有说服力，而且更容易引发员工的关注和兴趣。

3. 正面激励与反面激励相结合的原则

正面与反面激励相结合，就是一种奖罚分明、奖罚并举的原则。只奖励不处罚，会让员工找到退路，触及"利益红线"而不被约束；有奖有罚的激励，才能形成鲜明反差，鼓励前者继续努力，鞭笞后者迎头赶上。奖罚并举，还能够拉开员工的"收入"差距和"职位"差距，能够很好地营造企业或银行内部的人才竞争。对业绩出众者给予表扬，给业绩较差者给予批评，两面兼顾，才能体现激励方法的合理性。

除了注重三大激励原则，管理者还要掌握三种有效的激励方法。

1. 物质奖励法

这是一种直接而鲜明的激发方法，给予员工绩效奖金，可以让员工产生最原始的动力。俗话说，有钱能使鬼推磨。金钱时代，处处都离不开钱，金钱已然是"救世主"的化身。给员工以金钱奖励，才能够满足员工生存、安全、社交等基础需求。但是值得管理者注意的是，物质奖励法反对"平均主义"。按劳所得，才是物质奖励的关键所在。

2. 精神奖励法

精神奖励的方式有很多，比如赞美、鼓励、肯定、尊重、授权、给予关心与爱护。笔者认为，信任是基础，彼此间的信任是合作的开始。关爱是责任。管理者是企业的"家长"，员工是企业的"家庭成员"，这种关爱可以增进彼此间的关系，让上下级更加融洽、和睦。表扬是肯定，认可员工的工作成绩，就是对他最大的奖赏。

3. 目标和荣誉相结合的奖励法

目标是导航灯，是一种执行"引力"。如果一名管理者制定的目标与员工自我奋斗目标相一致，目标奖励方法就能够奏效。在员工奋斗过程中，管理者要做好三件事。第一、许可，让员工有足够的权限和发挥的空间，去做好自己的工作。第二、顾问，管理者在员工遇到障碍的时候，及时给予答案和引导，帮助员工重回"正轨"。第三、承诺。给予荣誉方面的承诺，更能够激发员工的战斗欲。

有一位企业家说："家长都在用'鼓励'的方式让孩子健康快乐地成长；管理者为何不能用'激励'的方式给员工一个自由发展的空间呢？"企业即人，只有让员工有干劲，才能让企业有效益。

有效激励的十大方式

有人说，不会激励的领导不是好领导。激励，是一种能够充分调动员工积极性的手段和方法。让员工发挥能动性，是领导的管理结果之一。管理大师彼得·德鲁克认为："对人最好的激励，就是给他最需要的。"因此，满足员工的多个纬度的需求，就是最有效的激励方式。笔者认为，除了金钱、精神、目标之外的激励方法，还有十种有效的激励方式。

1. 榜样激励

许多企业，每年都会进行劳模、标兵、先进工作者的评选工作。某大型集团，年销售额100亿元，拥有员工6000人。该公司，每年年底都会评选出40名劳模，200名标兵，1000名先进工作者。并对他们给予20000元、5000元、1000元不等的奖励，并在表彰大会上颁发证书。树立榜样的目的，就是为了给员工找到一块优秀的"镜子"，督促他们健康成长。

2. 梦想激励

事实上，每一个企业、银行都有自己的梦想。甚至一个国家，都有自己的梦想。习近平主席解释"中国梦"时说："中国梦是国家的梦、民族的梦，也是包括广大青年在内的每个中国人的梦。得其大者可以兼其小。只有把人生理想融入国家和民族的事业中，才能最终成就一番事业。"如果企业梦与个人的奋斗目标相一致，就会有引导员工积极奋斗的作用。

3. 授权激励

授权是一种信任，一种认同，一种允许。就像一名管理者说："如果员工做事不放心，我还能放权给他去做吗？"授权，就等于把"接力棒"交给员工，让员工独自完成一件重要的工作。对于员工而言，这种肯定和期望，是莫大的荣幸。许多被授权的员工也同样不辱使命，能够给企业和领导一个完美的交代。

4. 参与激励

参与，就是不直接参与管理和干预的一种方式。许多管理者，爱管闲事，芝麻绿豆大的事也要过问一下，让员工觉得很烦。还有一些管理者，完全是"瞎指挥"。做"总指挥"与做"实战指挥"完全是不同的两个概念。如果"跨界"跨不好，就容易劈叉。因此，最好的管理方法，就是只参与顾问，不参与指挥。交出实战指挥权，让员工自己去"作战"！

5. 考核激励

考核分为两种，一种是与纪律相关的考核，另一种是与业绩相关的考核。组织纪律考核，在一个企业或银行的综合考核中占20%，剩余的80%是绩效考核。有些管理者把"组织纪律"看得太重，而忽略"业绩"。其实，考核的目的，更重要是发挥员工的能动性，提高业绩。组织纪律只是"辅助"功效，让员工约束自己的工作行为而已。另外，绩效考核结果也不能直接当做"末位淘汰制"的考核方式。

6. 文化激励

建立文化型企业，是大多数管理者致力的方向之一。文化作为载体，不仅可以传播、传承企业的精髓、理念和企业价值观，而且还能够影响到员工的责任心、归属感、成就感的形成。许多企业，只是把企业文化当成一个口号，而没有实际操作、执行。企业文化是实实在在的东西，需要管理者夯实决心，认真履行。

7. 沟通激励

沟通是一座桥梁，通过沟通，可以解决许多看似不可能解决的问题。沟通甚至是万能的，它可以将管理者的真诚、期望、嘱托交给员工，员工也可以把自己的想法、愿望、诉求传递给管理者。通过有效沟通，管理者与员工在思想、利益和目标上达成一致，执行的问题就解决了。

8. 宽容激励

俗话说，胸怀天下者，方可成就伟业。如果一个管理者，心胸比针眼还小，总是给员工"穿小鞋"、"扣帽子"，员工一定会疏远这样的管理者。因此，就要胸怀宽容，能够包容员工所犯的过失，给员工一种温暖、亲切之感。员工感受到"安全"，自然会全力以赴。

9. 赞美激励

钢铁大王卡耐基有一句名言："要改变人而不触犯或引起反感，那么，请称赞他们最微小的进步，并称赞每个进步。"笔者认为，赞美是一种零成本的激励方式，它只需要管理者奉上一个微笑、一个肯定、一句表扬、一个赞美。绝大多数的员工都是单纯的，甚至给他们一点儿阳光，他们就会灿烂。

10. 情感激励

这是一种融合友情、亲情、工作关系、社会关系的兼具伦理道德的激励方式。或许说，它完全取决于一名管理者的情商。与员工相处，既要讲情，又要讲法，情关乎法，法关乎情。只有处理好"情"与"法"的关系，才能建立其情感激励模式。

另外，激励方式还有很多，因篇幅问题，笔者不一一赘述。总而言之，管理就是一种激励。只要激励到位了，管理就会有效果。

第十八章 员工培训目的和方式

> 培训是一种低成本、高效率的员工培养模式。通过培训，员工得到知识和技能，能够实现自己的价值；通过培训，企业能够得到一批高质量的人才，从而为企业发展带来源源不断的动力。

以结果为目的的培训

讲个故事：有一家商业银行网点，行长非常在乎员工的专业素养。他常常在例会上强调："没有专业技能和业务素养，我们又能如何服务客户呢？"于是他给员工定了一个规矩，每三年至少接受一次培训或者进行一次系统学习，否则该员工将被调离原岗位。

私底下，员工们议论纷纷。他们认为，行长的做法有点狠。一个柜员说："不是不想学习，是时间不允许啊！"还有一个大堂经理说："总不能让我们随便学习吧？"这些"槽点"被行长听到后，行长并没有生气，而是坐下来与员工研讨培训的事情。

不久之后，行长请来培训师进行不同课题的培训。有针对沟通服务的，也有针对营销的，有针对金融风险辨识的，也有针对礼貌礼仪的。培训覆盖面很广，几乎涵盖了银行网点所有的知识与技能。培训结束后，集中进行考试。考试通过的，参加下一期培训；考试没通过的，"留级"重学一期。人都爱面子，都不想"留级"，只能拼命学习，争取一次性通过考试。

经过几期培训，效果就产生了。这家商业银行网点，服务好了，营销能力提高了，工作效率也提高了，甚至在美化网点环境方面，也有了明显进步。

培训是一种快速提高员工技能、实现企业发展的方式。培训不等同于上学教育，它的目的性和针对性更强，是以管理结果为目的的。因此，管理者为员工设计培训课程，应该遵循有利于企业发展的原则。企业家牛根生有句话："培训是最大的福利。企业最重要的事就是培训，如果不能把你的员工培训到你想达到的标准，你就难以达成目标。"既然培训对企业发展有着至关重要的作用，那么到底有哪些意义呢？

1. 培养复合型员工

如今，许多员工都是某某大学、某某专业毕业，在某某专业方面，有一技之长。但是我们发现，许多企业或银行岗位，对员工的要求更高，需要他们拥有更多的特长。举个例子，某企业对销售人员的要求是：懂市场，会开发客户、维护客户、抓客户需求，会公关，能够吃苦耐劳等。如果你仅仅只懂得营销，而不懂得公关、沟通、维护、心理等方面的知识，就很难胜任这个工作。复合型员工，并不是样样会、样样精通的员工。能够解决岗位上的所有问题的员工，才是一名优秀的员工。如果一个从事营销的人不懂得二级核算和成本估算，又如何才能卖好产品呢？

2. 提高员工的适应能力

举个例子：有一个学计算机的年轻人，因为岗位问题，他被分配到后勤管理档案。但是因为没有档案管理经验，他就给人一种不适应的感觉。后来，通过自学与培训，他才掌握了档案管理的全套知识。几年后，他被调至信息中心做计算机维护，回归"老本行"，也能迅速适应岗位。对于大型企业或者银行这样的部门，人员岗位变动非常频繁，掌握几项过硬的技能，就能大大提高适应能力。如今企业喜欢"即插即用"型员工，这种员工类似于"万金油"，能够胜任多种角色。培训，就恰恰提供了这样一个机会。

3.改变员工的工作意识

笔者常常听到某些企业老板发这样的火，他们总说："为什么工作不到位？就是因为没有到位的工作意识！"这句话有两层含义。第一层，员工的工作意识不够。意识不到位，就会有想不到的细节。第二层，员工的责任心不够。责任心不到位，就会偷懒、执行力差、意志力差、不能克服困难，导致结果不能实现。培训，也是针对这两个层面。利用培训，可以强化员工对企业或银行的认同感，从而培养员工的工作意识和工作责任心。因此，我们看到许多商业银行进行有关责任感、服务意识、思想人格等方面的培训。这样的精准培训，在改造意识、灌输理念等方面，是非常有效果的。

杰克·韦尔奇说过一句话："领导不是某个人坐在马上指挥他的部队，而是通过别人的成功来获得自己的成功。"培训，就是让员工变得优秀，让员工在企业或银行内取得成功。

制式化培训与非制式化培训相结合

如今培训、学习的方式和种类有很多，如脱产学习、成人教育、制式化培训、非制式化培训等。对于企业或银行培训来讲，主要是制式培训和非制式培训两种。什么是制式培训呢？就是企业根据员工的行业和岗位需求，进行的内容固定、形式稳定的一种岗位知识和技能的培训。非制式培训则相对自由，更多是为丰富员工技能、经验而单独设计的培训。

讲个故事：有一家连锁星级酒店，每年都会招收一批新员工。与往年相似，今年又招聘来20名新员工。新员工刚一到酒店，就被酒店经理安排培训。

酒店经理说："入职培训是固定的，也是必须的。培训内容主要以酒店的规章制度、岗位工作的基本内容、工作方法、工作职责、工作程序、工作标准等。入职培训也叫岗前培训，培训合格者转入试用期。"事实上，这种岗前培训就是一种制式培训，几乎所有的企业都在使用。

这家酒店的岗前培训为期七天，每天八小时，早晨、下午各四个小时。培训老师均为酒店专职内训人员进行培训。培训结束后，还要进行相关考试。考试合格者，转入为期三个月的试用期。通过这种方式，这家酒店培养的员工，个个都能够胜任酒店的工作。另外，这家酒店还对所有岗位上的员工进行长期的、非制式培训。比如针对服务、沟通、礼仪等方面的培训，让员工能够掌握更多实用技能，提高酒店的服务质量。

通过科学有效的培训机制，这家星级连锁酒店，服务标准统一、服务水平高。业内环评，每次都能拿到最高分。因此，这家星级连锁酒店效益非常好，甚至还成为许多世界五百强企业的合作伙伴。

制式培训，其实就是岗位培训。这种培训，有一定的强制色彩。通常来讲，这种培训会占据固定的工作时间，甚至可以把制式培训看做工作的一部分。制式培训通常以岗位职责、组织纪律、岗位责任范畴、相关工作注意事项、基本业务介绍为主，是一种"基础"培训。俗话说，夯实基础，才能博得发展。企业或银行采取制式培训，可以让员工快速了解企业现状以及岗位情况，帮助其快速适应自己的岗位。

非制式培训，没有时间限制、空间限制、课时限制，完全由管理者安排进行。比如，商业银行聘请专业培训师进行的相关专业培训，就是一种非制式培训。这种培训，主要以提高能力、发掘潜能、唤醒责任、提高凝聚力和合作精神为主，这样的培训更具特色。笔者作为一名培训师，常常与各大商业银行打交道，培训科目以组织管理、效益倍增为主。这些培训类目有很多，管理者可以根据企业或银行的需求进行安排。

制式培训与非制式培训各有特点，甚至能够优势互补。两种培训，没有优缺点……严格意义来讲，培训就是一件好事！有一位管理者说过一句话："培训，就是培养在前，训练在后。培养是内在的、长久的、观念的，训练是外在的、一时的、技巧的。只培不训如纸上谈兵，只训不培如无本之木。"只要管理者能够将培养和训练连贯起来，让制式培训和非制式培训相结合，就能让员工受益、企业受益。

著名管理学者沃伦·贝尼斯认为："员工培训是企业风险最小，收益最大的战略性投资。"善用培训的管理者，一定是个聪明人。因为他懂得用最少的管理成本，换来最大的管理利益。

第十九章　网点开会的方式和意义

会议是一个非常好的管理"媒介"，它可以帮助管理者布置任务、总结工作、催化、鼓励员工，实现绩效管理目标。如果能把各种会议经营好，就能把企业或银行经营好。

如何才能"开好会"

许多人认为开会的意义不大，甚至认为开会完全是浪费时间。有关"开会"的负面形象的比喻很多。比如大会如同长舌妇，不仅空洞，废话连篇。难道会议真得如此吗？为何许多公司还要召开各种会议呢？我们先听听一位老总的解释。他这样说："分解任务，企业精神和责任意识的灌输，几乎都会通过会议进行传达。会议的最大特点，就是能够将所有的人集中在一起，然后进行有效传递。"事实上，会议是一种管理方式，甚至还是一种沟通方式。许多人如此讨厌"会议"，并不是讨厌"会议"本身，而是讨厌组织开会的人而已。

讲个故事：有一个部门领导，整天开会。每天早晨开例会，晚上开夕会。只要有点事，就要采取会议的方式进行一番陈词。有些员工讽刺道：

"上厕所、冲厕所这种事，他也能讲半个小时！"因此，这位领导被人起了一个外号，叫"刘妈"！

但是这位领导并没有意识到开会并无不妥，而是继续安排各种会议。而且会议一开就是一个小时，且没有任何目的性……就像说书一样，完全是想到哪儿讲到哪儿。这位领导常常说："为什么选择开会？因为重视管理工作，才拿出时间召开会议！"

不管这位领导如何解释，他召开的"会议"已经沦为鸡肋。许多员工在会议上垂着头，面无表情，好像经历过一次严重"洗脑"，对会议毫无兴趣。如此尴尬的境遇，值得更多管理者去反思。

笔者认为，开会是一件认真的事情。一定要精心设计，精心准备。不仅要主题鲜明，而且会议一定要讲大事，抓要害，不要芝麻西瓜一把抓，要主次分明。另外，开会是一件相对"严肃"的事情，不要阴阳怪调，更不要把会议当成演讲。开会的目的是研究问题、解决问题，不是侃大山或者哗众取宠。因此，管理者要掌握一定的开会技巧，才能把会开好。

1. 确定会议目的

大会也好，小会也罢，一定要有一个与会思想、与会主题。就像相声、小品、演讲，都有题目，开会也应该有一个题目。比如银行网点开会，有风险防控会、产品研讨会、服务专项会等。这些会议，旗帜鲜明，立意清晰，参加会议的人从字面上就能够了解到会议内容。如果没有目的，会议就会变成"一言堂"，失去开会的作用。

2. 明确会议流程

通常来讲，会议首先由领导讲话，领导讲完话，按照职位排序，依次进行发言。如果是"讨论会"，需要会议主持人进行提前准备，明确会议流程，严格按照流程进行开会。流程对于会议，也非常重要，希望广大组织会议者重视。

3. 会议要讲民主

有些人开会，只是把"会议"当成喇叭头子，用来喊话，传递自己的意识和权力。事实上，这种"一言堂"式的会议，会伤害到会议本身。会议是讲民主的，是与会人员共同参与、集思广益的场所。会议上，所有人都需要积极参与……即使是总结大会或者表彰大会，也需要有员工发言。

4. 会议要有检讨精神

笔者非常欣赏一类人，这类管理者在会议上，常常会当着与会人员的面，做自我检讨，检讨自己在管理方面的不足。这种"先抑后扬"的方式，非常有代入感。管理者放低姿态，对事不对人，才能给其他人诚意。事实上，开会同样需要诚意。

5. 借助多媒体开会

许多员工讨厌开会，另一方面的原因是厌倦开会的氛围。传统会议，都是领导在上面讲话，员工在下面听话。没有互动，也没有任何可以提升会议"气氛"的道具，完全靠领导的嘴巴和员工的耳朵。如今，许多企业或者银行，采用多媒体来开会。比如设有多媒体会议室，或者使用多媒体工具开会。会议中，可以穿插多媒体图片、音乐、影像等，可以抓住与会者的眼球，引起与会者的兴趣。

有效开会的方式方法还有很多种，比如抑扬顿挫、富有激情的讲话，比如穿着"头脑风暴"式的讨论环节……只要对会议有帮助，都可以积极采纳！

会议 "3+1" 的意义与作用

讲个故事：有一个公司，每一次开月底总结会，都会闹出各种问题。负责会议记录的董事长助理小张，反映道："我们集团公司，是一个三千多人组成的大公司，每一次开部门领导会议，也有35个人参加。这35个人里面，有20个人是生产方面的，剩余15个人，分别来自营销、采购、监督、财务、办公室、后勤、安全等部门。"

有一次月底总结会，董事长提出一个讨论点让大家集思广益。结果因为"产品"的问题，生产方与另外几个部门的领导争执起来。大家彼此推卸责任，甚至言辞激烈、差点动手。会议现场有些失控，董事长也压不住场面，只能沉默不语。后来，有一个财务处长说了一句话："开会的目的，是为了解决问题，而不是引起纠纷。如果不能商量出解决问题的办法，咱们来这里干什么？让领导看我们的笑话吗？"

这句话一针见血，所有参加会议的人都沉默了。此时董事长站起来说："咱们坐在一起，就是商讨一个办法。你争我抢，不是解决问题的方式。所以，我们只有平心静气，才能解决问题。"话毕，主持会议的董事长助理小张，只能取消了"自由辩论"环节。因为辩论变成了吵架，不但没有起到效果，反倒加深了彼此间的芥蒂和矛盾。

事实上，会议上产生争议，也是很常见的一种现象。如果这种争议，能够得到合理引导和控制，就能够将争议妥善处理；如果不能够将争议进行正确引导，反倒让会议变成闹剧。对于银行网点而言，开会的目的无非只有两个：分析和总结。对存在的问题进行分析，找到答案后，再总结方法进行解决。"辩论"也是民主会的里的一个重要环节……没有辩论的会议也会失去色彩。如果管理者采取"3+1"的方式，或许就能真正体现开会的意义和价值。

所谓"3"，就是将会议分成三个部分。这三个部分分别是会议的准备工作、会议节点的控制工作、会议后的沟通与跟进。

1. 会议的准备工作

会议是一件重要的管理工作，因此要认真对待。就像老师上讲台讲课之前，通常要进行认真备课。备课越充分，课堂呈现力也就越出色。对于管理者而言，搜集与开会相关的资料、数据、分析报告等，是非常有必要的。其次，会议还需要一个流程。这个流程包括会议的时间，地点，注意事项和每一个阶段的安排。只有把前期工作做足，才能确保会议的质量。为了防止民主会等'辩论'环节发生争执，管理者要进行走访、沟通，提前进行干预。

2. 会议节点的控制工作

会议节点的控制，主要为了防止双方争吵而设计的。有的人，称之为会场"灭火器"。此"灭火器"非消防灭火器，而特指人在会议节点上的控制。这个人，通常是会议的组织者，也就是管理者。控制节点，需要管理者做好三件事。第一、始终保持中立态度，言论、观点不能倾向于任何一方。如果偏袒一方，就会让会议的天平失去失衡。第二、要进行引导发言。管理者要求一方解释观点，这一方才能进行观点解释。如果管理者没有进行引导，另外一方不能参与发言和辩论。第三、避免会议中的意见一边倒。有时候，人多的一方，因为"嘴巴多"，常常占据压倒性优势。管理者要避免这种情况的发生，让双方都能够积极参与会议。

3. 会议的沟通与跟进

会议到了收尾阶段，通常会留下一大串的问题。这些问题，只有得到正确解答，才能让会议圆满。因此，就需要双方进一步的沟通协商、交换意见，才能找到契合点，妥善把问题解决。另外，还要对于一些没有解决到位的问题，进行会议后的跟进工作。把所有责任项落实到位，才能体现会议的价值。

所谓"3+1"中的"1"，其实就是会议气氛。融洽的气氛很重要，如果会议现场带着浓浓的火药味，就会令双方"剑拔弩张"，不可避免地发生争执。俗话讲，争执是最愚蠢的方式，商量才是聪明之举。因此，管理者要充当会议的"润滑剂"和"灭火器"，为会议营造一个轻松的、舒适的氛围。

如何经营"晨会"

几乎所有的企业、银行，都有开"晨会"的习惯。最有代表性的是保险公司，保险公司通过"晨会"的方式对每一名员工进行重新灌输，以改善员工精神面貌、加强彼此之间的交流监督，从而促进企业文化的建立和企业的发展。通常来讲，"晨会"是一种简单、简短的会议，这种会议有六个目的。目的一，晨会可以提供每日指导和每日培训的环境，让员工快速对技能、任务、新产品有详细的了解和掌握。目的二，晨会可以让员工养成良好的工作习惯，比如每天检查自己的工作，督促自己"事事清日日毕"。目的三，可以让员工与管理者快速达成共识，尤其针对当天安排的事项，可以不留隐患。目的四，晨会还可以为管理者树立权威形象，让管理执行力更加有效。目的五，可以快速提高员工士气，让员工富有激情地工作，发挥自己的潜能。目的六，传道授业解惑的作用。晨会有很多积极意义，那么管理者如何才能经营晨会呢？

古人言："我本将心向明月，奈何明月照沟渠，落花有意随流水，流水无心恋落花。"意思是说，本有一片真心，但是却没有得到应有的回报。对于管理者而言，只有分析并找到过往的失败元素，才能找到解决问题的办法。笔者认为，晨会经营常常存在六个问题。一、随意性太强，没有主次之分，完全是"指哪打哪"；二、形式过于单一，缺少变化；三、会议纪律欠佳，出勤率不高；四、缺乏针对性，基本采取一种"例行公事"的态度；五、一言堂，没有上下级之间的交流沟通，完全是管理者的"独角戏"；六、生搬硬套或者缺乏生动的会议渲染，让员工感到困顿、乏味。因此，根据上面的六个存在因素，管理者就可以对症下药，解决晨会的经营问题。

1. 加强晨会的计划性

拿破仑说过一句话："想得好是聪明，计划得好更聪明。"做任何事，都需要有一个计划。如果没有计划，一旦遇到麻烦，就会方寸大乱。开晨会也是如此，简单制定出会议计划，列出几个会议里需要强调的问题。有了计划，会议才能连贯起来，而且不会脱节，有明显的指向性。

2. 加强晨会的变化性

什么千篇一律、老调重弹、换汤不换药……会议的呈现，也是方式单一，缺少变化。因此，许多企业或银行网点，引入最新理念的会议形式。比如头脑风暴、角色扮演、做游戏等。会议有了变化，员工参与的积极性也会高很多。管理者要多学习、借鉴一些"另类"晨会的召开方法，让晨会更有价值。

3. 加强晨会的纪律性

有一些员工，并不把晨会当回事，认为这种会议不重要。事实上，晨会比年终总结大会更有意义。管理者也要把晨会当成一个重要的工作，为了确保晨会的顺利进行，要制定相关的晨会制度，约束员工自由散漫的与会态度。许多企业、银行，采取晨会"签名"制度，凡是一个月内无缘无故缺少两次签名，就会被追加罚款。

4. 加强晨会的针对性

管理者要对晨会进行提前准备，就像老师备课那样，有一个"本本"！本本上要有主题，有内容，有需要讨论的"点"，主干与侧枝，有非常强的针对性。只有这样，晨会才会主次分明，从而确保晨会的质量，把该交代的工作完整地交代下去。

5. 加强晨会的互动性

互动是关键，沟通是管理良药。如今，许多人把会议当成一言堂，一个领导讲完话，另外一个领导接着讲。几个领导讲完，会议结束了。晨会不是表彰大会，更不是总结大会，本来就需要互相沟通、分享、达成共识。只有加强了互动性，才能让员工领悟"主旨"，做好工作。

6. 加强晨会的趣味性

许多员工对晨会颇感微词，原因在于晨会枯燥乏味，话题陈旧，气氛压抑。如今，许多企业或银行采用多媒体等工具进行晨会。会议上可以穿插着音乐、视频、笑话等，让员工在一个轻松愉快的环境下参加晨会，不仅有效，而且还能够调动员工参加晨会的积极性。

除此以外，还要一些企业有"晨会"主持人。在"主持人"诙谐幽默的主持下，可以营造出一种带有"激励"色彩的会议气氛。为员工灌输一种工作激情，更能体现晨会的价值。

如何经营"夕会"

我们先要了解一个定义，夕会是什么？夕会不是"七夕相会"，而是下班之前组织召开的一种会议。这种会议主要以全天工作总结、通报业绩、经验交流、案例分析、第二天的工作部署为主。夕会与晨会，是"朝夕相处"，互为联系的一对"会议明珠"。管理者借助夕会，可以很好将管理工作落实到位。把夕会经营好，就非常有必要了。

首先，召开夕会有怎样的好处呢？笔者认为，夕会有四大好处。其一、夕会针对当日出现的问题，可以进行当日分析，当日解决，不留后患。其二、夕会可以让工作方向更加明确，并且为员工提供帮助与辅导，让员工掌握更好的工作方法，提高工作绩效。其三、通报业绩过程中，借助数据进行分析，可以向管理者反馈最真实的市场信息，使管理者做出正确判断。其四、夕会是一个非常好的交流平台，员工可以在这个平台上进行相互分享、彼此借鉴，能够让员工在沟通交流中得到成长。

其次，召开夕会有怎样的意义呢？笔者认为，夕会还有三大意义。第一、夕，就是工作结束的时候。在这种时候，员工放下了手上的工作，重拾放松的心情。在这样的环境下，管理者、员工都能以一个较为平和、积极的心态，应对夕会，并且在夕会上进行深度交流，让上下级之间关系更加和睦。第二、过去古人反省，常常在暮鼓响起、日落西山的时候开始。一天的工作，哪些是对的，哪些是错的，需要分类、总结，自查，反省。只有这样，才能查缺补漏，改掉既往的不良工作作风，提高工作效率。第三、管理者常常利用夕会，鼓励和表彰当日的"先进工作者"，通过营造"学比赶超"的工作氛围，充分调动起员工的积极性。因此，夕会不仅是一个平台，更是一个培训课堂。管理者不要以传统的眼光看待"夕会"，而是应该把"夕会"当做一种管理工具。

最后，我们还是应该把"重点"放在这里。如何才能开好夕会呢？如何才能让夕会发挥最大效能呢？笔者认为，要做好以下八点。

（1）要有抚慰人心的话。笔者记得，某银行行长在召开夕会前说的第一句话是："大家辛苦了！"简单五个字，就能够展现出管理者的诚意，并将一种关切之情传递给员工，让员工的心灵得到抚慰。抚慰人心，不需要口若悬河、滔滔不绝，有时候只需要这五个字而已。

（2）要传达一种理念。会议是一个很好的平台，能够让管理者向员工传达一种企业理念。在传达方面，夕会明显比晨会效果好。

（3）要回顾当天的业绩。所谓"今日事今日毕"，就是今天的事情今天完成。夕会，就是检查作业，验收成绩。对于银行网点来讲，验收的"业绩"有四个方面，服务业绩、销售业绩、管理业绩、违规处理情况。

（4）要及时进行分享。美好的事物和成功的经验，是需要分享的。什么是美好的事物呢？笔者认为，好人好事就是美好的事物。什么是成功的经验呢？笔者认为，就是当日表现出色的员工采取的方式方法。

（5）要给予正确的点评。如同"大众点评网"给客户提供点评一样，评语对员工是一种激励。通常来讲，管理者根据业绩、表现力，给员工进行逐一点评。点评要客观、公正，不要掺杂个人的情感和意识。另外，员工之间还可以互相点评，取长补短、彼此交流经验心得。

（6）要对公司文件进行传达。对于一些大型企业或者大区域分支行，几乎每天都有上级下发的公司红头文件。因为白天工作紧张，没有时间进行传达。夕会就变成了唯一的平台。及时传达公司文件，让员工了解、领悟文件里的指示精神，对后面的工作有一定的指导性。

（7）要进行专题辅导。对于白天存在的问题，或者执行不力的"点"，管理者要对相关知识和技能进行辅导补强，让员工强化相关技能。

（8）要进行明日的计划安排。今日事今日毕，明日事也要提前安排。有些管理者喜欢"临时起意"，白天工作的时候，冷不丁地交代一个任务……这种做法会让许多员工感到不适。提前布置工作，能够让员工提前进行准备。俗话说，不打无准备之仗，就是这个道理。

夕会是工作日内最后一件事，这件事对于管理者而言，是非常重要的。因此，管理者要借助夕会，发挥夕会的最大作用，从而实现管理目标。

如何经营"月会"

许多企业非常重视年会，把年会当做"继往开来"的一个重要按钮。有一个企业老板这样评价年会："年会是一场聚会，还是一场晚宴，它可以进一步拉动客户的需求，还能够减少员工的流失，激发员工的干劲。"年会是一个企业、银行的"压轴大戏"，自然会高度重视，把年会办好。

年会很重要，月会其实也很重要。就像晨会与夕会的"朝夕相应"，月会与年会也有着千丝万缕的联系。月会开得好，能够把每个月的工作落实到位，到了年关，自然就能够收获累累硕果。笔者认为，经营月会有六大意义。其一、总结。几乎每一个企业都有月底总结的习惯，甚至还有一些企业要求管理者和员工写月总结报告。第二、规范秩序。一个月，时间不长不短，在这段时间内，会出现一些秩序上的问题，需要进一步规范。第三、深挖潜力。一方面，深挖客户潜力；另一方面，深挖员工自身潜力。第四、提升士气。如果说晨会提升的是一个人当面的精神年貌，月会则可以让一名员工在接下来的工作阶段，充满旺盛的战斗力。第五、改进工作经验。剖析、总结的过程，就是一个对工作经验改造的过程。六、凝聚团队战斗力。一个月下来，队伍磨合基本成熟。月底召开会议，给上下级提供交流平台，能够缓和关系，加强团队合作，提高团队的凝聚力。

月会虽然不像年会那般"风光无限"，但是却有自己的作用和意义。能够经营好月会，就能够夯实每个月的基础工作，十二个月积累下来，就是一个奇迹。管理者不仅要经营月会，还要把月会经营好。那么如何才能把月会经营好呢？笔者认为，要做好以下三点。

1. 前期准备工作

月会与晨会、夕会不同，它是一个阶段性的重要会议。月会与年会也有不同，年会更像是一场"晚会"，月会更像是"经验总结会"。月会需要让管理者和员工准备些什么呢？

（1）会议时间，需要进行通知。月会未必是"例会"，只是通常固定在月底三天进行。如果与双休假期重叠，就需要临时改变会议时间。因此，管理者要将会议时间提前通知到每一个部门，并确定参加会议的人员名单。

（2）确定会议主题。月会是"总结会"，以总结为主、辅导为辅的会议。不管是总结会还是辅导会，都要明确会议主题。主题确定之后，还要针对管理、沟通、心理干预、激励、会议精神传达等方面，做细致安排。一般而言，按照先主后次的原则进行排序、设置。

（3）准备相关资料。月会召开之前，管理者一般要求员工写月总结报告和月市场分析，通过总结和相关数字，对市场、企业内的现状，进行了解。只有心中有数，才能把会议开好。

2. 注重月会的总结效能

月会是总结会，自然以总结为主。80%的安排，也是围绕着"总结"进行。会议总结，主要体现三大方面的总结。

（1）总结业绩：业绩反映目标管理效果。如果业绩一般，就需要找到原因，分析原因，找到解决办法。如果业绩出色，也要把经验转化成工作管理方法，让好业绩保持下去。

（2）总结经验：不管是新经验，还是老经验，都需要在会议上进行重新认识和总结。只有经过改造过的经验，才能符合工作实际，发挥应有效能。

这就是我们之前所讲的"因地制宜"法。

（3）自我总结：月会提供了一个自我批评、自我省察、自我总结的好平台。在这个平台上，管理者要带头进行"自我评估"和"自我改正"，才能引导员工进行自我总结。

3. 加强月会后的沟通工作

会议结束后，对总结的经验、落实的问题、解决的难点等，管理者需要进行长期跟踪、随访，了解会议后的执行情况。如果存在执行难问题，需要管理者及时进行沟通、引导，让员工有勇气、有责任感地做好每一件事。

另外，月会不是"马拉松"，也要注重时效，不能把月会当成"喇叭大会"和"牢骚大会"。抓本质，讲重点，对事不对人。只有这样，才能把月会经营得无懈可击。

如何经营"微信群会"

讲个故事：某连锁公司，在全国30个城市有70多家分支机构。这个连锁公司，并不是采取"加盟"连锁的方式，而是采取"直营"连锁的方式进行管理。全国70多家分店，形象统一，服务一致，甚至连推出的产品套餐，也如出一辙。许多管理者好奇他们的管理方法。这位连锁公司的一位运营副总给出的答案是：开会！

难道"开会"还能开出"连锁公司"来吗？事实上，会议确实有这样的疗效。许多企业通过会议，统一思想，统一部署，充分调动资源，让目标管理最大化。这个连锁公司就是借助会议，实现统一管理。该公司的一位员工不小心透露了该公司的会议秘诀："我们公司的老板非常时髦，他建立一个微信群，每天早晨八点，在微信群里开会。"

微信是一个非常时髦的互联网社交工具，借助微信，人们可以实现聊天、交友、购物、点评、互动等需求，甚至还有人利用微信做服务和产品信息推广工作。借助微信群平台，建立一个"微信会议室"，也是非常方便的。笔者认为，微信会议有三个特点。一、不受空间、时间的约束。就像有句话，"想唱就唱，我最闪亮"。微信会议，完全是"想开就开，我最方便"！对于那些大集团而言，各个部门分布在不同的地区，想要组织在一起，开一堂会议，是非常困难的。微信群就解决了这个难题，不仅可以跨区域召开会议，还可以每时每刻传达会议精神。二、会议形式更加自由。只要有员工带着手机，在互联网覆盖的条件下，都可以进行会议。三、微信会议的"娱乐属性"更强。传统会议，总会给人一种非常严肃的感觉，甚至营造的氛围是压抑的。微信会议除了能够展示会议的核心内容，还能够放一放音乐，发一发红包，让会议变得更加轻松。在这样的环境下开会，想必绝大多数的员工都愿意参加。

微信群会科技感很强，而且年轻人都喜欢使用微信。管理者利用微信经营微信群会，就显得非常有必要了。如何才能把微信群会经营好呢？笔者认为，要做好以下三点。

1. 了解微信，建立微信群

建立微信群的方法，是非常容易掌握的。首先，点开微信，找到微信界面右上角的"+"字符号，然后点击"发起聊天"功能，再将微信群中的"好友"逐一添加到微信里。这样，一个微信群就建立起来了。其次，还要了解更多微信群的功能。微信群建立之后，可以发送文字、图片、视频、语言等，而这些功能，都可以作为会议的载体，将会议内容完全展示出来。

2. 将微信群变成会议群

如今，许多微商利用微信群进行招商，也有一些娱乐群和聊天群偏重休闲。管理者建立微信会议群的目的，只是为了开会。因此，管理者要给微信群取一个名字，比如"某某公司会议室"等。员工和其他管理者明确了微信群的作用，就不会把这个群当做"消遣娱乐聊天室"。另外，管理者还可以借助微信群公告，将会议室的一些注意事项进行公布。比如开会的时间，开会的注意事项等。能够将微信群改造成一个"远程会议室"，就成功一半了。

3. 发起微信群会议

开会之前，管理者或者助理，应该提前在群里发布"会议"公告，通知开会的时间和与会人员的名单。与会人员到位之后，还可以利用微信进行点名，统计参加会议的人数。进行微信会议，通常采用语言形式进行。管理者按照"会议流程"，先总结，后指正。到了交流时间，员工可以在微信群里自由讨论。

微信作为一种广为流传、且实用性很强的互联网软件，可以给企业和管理者带来极大的方便。还有一些公司利用QQ或者YY进行开会，其形式与微信群会议类似。